跨文化交际视角下大学英语教学模式探索

王佳妮 李锐鹏 张 翠◎著

中国商务出版社
·北京·

图书在版编目（CIP）数据

跨文化交际视角下大学英语教学模式探索 / 王佳妮，李锐鹏，张翠著. -- 北京：中国商务出版社，2023.8
ISBN 978-7-5103-4764-1

Ⅰ. ①跨… Ⅱ. ①王… ②李… ③张… Ⅲ. ①英语－教学模式－研究－高等学校 Ⅳ. ①H319.3

中国国家版本馆CIP数据核字(2023)第144577号

跨文化交际视角下大学英语教学模式探索
KUAWENHUA JIAOJI SHIJIAOXIA DAXUE YINGYU JIAOXUE MOSHI TANSUO

王佳妮　李锐鹏　张翠　著

出　　版：	中国商务出版社
地　　址：	北京市东城区安外东后巷28号　　邮　编：100710
责任部门：	外语事业部（010-64283818）
责任编辑：	李自满
直销客服：	010-64283818
总 发 行：	中国商务出版社发行部　（010-64208388　64515150 ）
网购零售：	中国商务出版社淘宝店　（010-64286917）
网　　址：	http://www.cctpress.com
网　　店：	https://shop595663922.taobao.com
邮　　箱：	347675974@qq.com
印　　刷：	北京四海锦诚印刷技术有限公司
开　　本：	787毫米×1092毫米　1/16
印　　张：	11.25　　　　　　　　　　　　字　数：232千字
版　　次：	2024年4月第1版　　　　　　　　印　次：2024年4月第1次印刷
书　　号：	ISBN 978-7-5103-4764-1
定　　价：	64.00元

凡所购本版图书如有印装质量问题，请与本社印制部联系（电话：010-64248236）

版权所有　盗版必究　（盗版侵权举报可发邮件到本社邮箱：cctp@cctpress.com）

前　言

　　人类在发展过程中创造了文明，形成了文明。随着科技的发展和全球化的深入，跨文化交际已经成为人类社会生活不可缺少的一部分，对跨文化交际的研究也成为年轻而有活力的学科。本书尝试阐述跨文化交际视角下大学英语教学模式探索的内容、理论，结合大学英语教学的方法，探讨跨文化大学英语教学理论的建构、原则与方法。

　　外语教研界的学者们一致认为语言与文化密不可分，外语教学不应该脱离文化单独进行。语言是交际的工具之一，学习外语的目的是运用外语进行交际，而交际过程中的主要障碍是因文化差异易造成的交际双方的误解，因此，外语学习者需要掌握本国与所学语种国家的文化背景。外语教学的目标是培养学生的语言应用能力，即听、说、读、写的综合能力，语言应用能力是交际能力的保证。加强大学英语教学中的跨文化交际渗透已经成为亟待解决的问题。

　　本书将跨文化交际的理论知识融合并渗透于大学英语教学之中，分析了大学英语教学的方方面面，目的是发现大学英语教学中的一些深层次的问题，为大学英语教学寻找到行之有效的方法与路径，从而进一步提升大学英语教学的效率，推动大学英语教学中的跨文化教育。同时，本书具有鲜明的特色，论述了跨文化交际能力培育与大学英语教学的融合、跨文化交际视角下的大学英语教学，以及跨文化交际视角下的大学英语多种教学模式，包括微课的教学模式、信息技术与大学英语课程整合的教学模式、ESP 框架下的大学英语教学模式、其他教学模式等。总体而言，本书内容全面，视角新颖，逻辑严谨，做到了理论与实践相统一，希望能为我国大学英语教学研究带来一定的启示。

　　本书写作得到很多专家学者的支持和帮助，在此深表谢意。由于能力有限，时间仓促，虽经多次修改，仍难免有不妥与遗漏之处，恳请专家和读者指正。

作者

2023 年 5 月

目 录

第一章 跨文化交际概述 ··· 1

　第一节 跨文化交际的内涵与模式 ··· 1
　第二节 跨文化交际意识与能力 ·· 5
　第三节 跨文化交际的主要理论 ··· 11

第二章 跨文化交际与大学英语教学的融合 ······························ 16

　第一节 跨文化交际与高校英语教学 ····································· 16
　第二节 跨文化交际能力培养与高校英语教学的融合 ················· 23
　第三节 跨文化交际教学中教师身份的重构与跨文化意识的提高 ··· 26

第三章 跨文化交际视角下的大学英语教学 ······························ 32

　第一节 跨文化交际视角下的大学英语词汇和语法教学 ·············· 32
　第二节 跨文化交际视角下的大学英语听说教学 ······················· 44
　第三节 跨文化交际视角下的大学英语读写译教学 ···················· 60

第四章 基于微课的大学英语教学模式 ····································· 74

　第一节 微课在大学英语教学中的应用 ·································· 74
　第二节 微课的教学模式 ··· 77
　第三节 微课对于大学英语教学的影响和意义 ························· 83

第五章 信息技术与大学英语课程整合的教学模式 ······················ 89

　第一节 信息技术与课程整合的理论与方法 ···························· 89

  第二节 信息技术与高校英语课程的课内整合模式 …………… 93

  第三节 信息技术与高校英语课程的课外整合模式 …………… 105

第六章 ESP 框架下的大学英语教学模式 …………………………… 109

  第一节 高校 ESP 课程的具体模式 ……………………………… 109

  第二节 高校 ESP 课程构建 ……………………………………… 112

第七章 大学英语其他教学模式 ……………………………………… 124

  第一节 探究式教学模式 ………………………………………… 124

  第二节 任务型教学模式 ………………………………………… 132

  第三节 多模态教学模式 ………………………………………… 139

第八章 跨文化视角下大学生交际能力的培养 ……………………… 151

  第一节 大学生跨文化交际能力培养的重要性 ………………… 151

  第二节 英语文化学习的重要性 ………………………………… 155

  第三节 大学生跨文化交际能力培养策略 ……………………… 159

参考文献 ………………………………………………………………… 173

第一章 跨文化交际概述

第一节 跨文化交际的内涵与模式

一、跨文化交际

世界范围内的人类交际经历了五个阶段：语言的产生；文字的使用；印刷技术的发明；近百年交通工具的进步和通信手段的迅速发展；跨文化交际。随着交通工具和通信手段的发展，使得全球各种文化背景的人口得以频繁流动和沟通，跨文化交际的重要性不言而喻。中国学者将其翻译成汉语时，译为跨文化的交际、跨越文化的交际、文化间的交际、不同文化之间的交际、多文化交际、跨文化交际学、跨文化交流学、跨文化传播等。国内外学者都认同跨文化交际学的"多学科性、跨学科性、交叉学科性、边缘学科性"，与其相关的学科有人类学、社会学、传播学、心理学、语言学、哲学等，但是对跨文化交际存在着理解上的差异。

跨文化交际常被定义为"来自不同国家文化背景的人员之间的交际"，很多学者将其限定为"面对面的交际"。跨文化交际是一个符号的、解释的、相互影响的、与上下文有关的过程。在过程中，来自不同文化背景的人们创造出可分享的含义。当大量的和重大的文化差异导致不同的理解，并产生期望如何去更好地交际时，跨文化交际就出现了。跨文化交际正如其名所指，是有关不同文化之间的交际和不同文化背景的人员之间对意义归因的互动的、象征性的过程。

这里将跨文化交际定义为：具有不同文化背景的人员从事交际的过程，是文化认识和符号系统不同的人员之间的交际。这些不同的文化认识和符号系统足以改变交际事件。

如果把所有不同文化差异程度的交际都看成跨文化交际，那么，跨文化交际将囊括跨民族交际、同一主流文化内不同群体之间的交际，以及国际性的跨文化交际等。目前，国外的研究重点几乎放在各个维度上。在国内，认为研究的重点应集中在国际性的跨文化交际维度上。

二、跨文化交际的界定

文化和交流都依赖于一定的符号系统。交际是人们赖以生存、社会赖以活动、文化赖以传承的重要机制。但交际会受到文化的影响，在相同的文化中，由于人们共用一套规则，文化可以成为交际的润滑剂，而在不同的文化中，特别是在差异很大的文化中，文化就会成为交际的障碍。那么，如何确定交际是同文化还是跨文化呢？

跨文化交际首先是一种交际，具有交际的一般特点（如符号的运用、信息的传送与共享），也遵循着一般交际的模式，但是跨文化交际同时又是一种较为特殊的交际，有着自己的特点和模式。

在交际过程中，信息的发送者和接收者会根据各自所在文化的规则来进行编码、释码和解码。如果交际双方运用的是完全相同的一套规则系统，那么就是典型的同文化交流；如果交际双方运用的是完全不同的规则系统，就是典型的跨文化交际。但是，在现实生活中，真正的完全相同与完全不同的交际情况是没有的。也就是说，无论两种文化有多大的差异，它们之间总会有相同之处，这是交际的基础。同样，即使是处在同一种文化的两个交际者，他们运用规则进行编码、释码和解码的过程也不可能完全相同。从理论上讲，不同人的文化和社会背景、生活方式、教育背景、性格、爱好等方面都存在差异。从这个意义上说，一个人就是一种独特的微型文化，任何人与人的交际都是跨文化交际。文化的差别可能大到不同国籍、不同民族和不同的政治制度，也可能小到同一主流文化中的不同性别、不同年龄、不同社会阶层、不同教育背景，甚至是不同兴趣爱好之间的人们。

在我国，跨文化交际的研究重点主要集中于国际性的跨文化交际维度上。一般说来，跨文化交际都被定义为"来自于不同国家文化的人们之间的交流"，而且许多学者也把这种交流限定在面对面交流的层面上。因此，这里的研究中所涉及的跨文化交际不包括国内同一主流文化内不同群体间的交际，而只包括国际性的跨文化交际。

三、跨文化交际的有效性

不同文化背景的人之间常常发生着各种跨文化交际行为，交际双方有时是推心置腹的言语交谈，有时是唇枪舌剑的言语交锋，有时是表情手势的非言语交流。这些交际行为的效果往往是不一样的。信息的发出者和接收者进行的上述潜在过程要做到意思传达完全一致，即使是具有相同文化背景的两个人也几乎是不太可能的。因此，交际效果不是平常所说的是否理解了对方的意思和表达出了自己的意思，而是多大程度地分享了信息和多大程度地降低了误解。

交际过程中的编码、解码、信息发送者、信息接收者、渠道、噪声等都是影响交际效果的要素。在跨文化语境中，信息的发送者和接收者具有不同的文化背景，他们习惯了各自的认知、思维方式，其编码、解码的过程和方式也常带有各自文化的烙印。比如，美国人直来直去的交际风格常常让习惯于含蓄委婉的中国人和日本人觉得不适应甚至难堪。

有效的交际指的是信息接收方在任何语境下能够理解信息发出方的意图并做出合适反馈的交际。当然，这种相互理解也只是相对的，我们可以把理解说成是最小化的误解。交际的有效性与类似的意义诠释密切相关，即双方是否对同一信息做出了相当类似的解释。成功的交际就是双方做到相互理解，但相互理解并不是指双方意见达成一致。双方虽然做到了相互理解，但意见达成一致和保持分歧都是有可能的。不论是相互理解还是共同的意义赋予，都反映了交际者的交际能力。

总之，有效的交际不是通常意义上"达到目的的交际"或"达成一致的沟通"，即使是一方拒绝了另一方的要求，但双方对对方的意图清楚无误，交际就是有效的。而要做到有效的交际或改善交际效果，最根本的就是要培养跨文化交际能力。

四、跨文化教育与多元文化教育

联合国教科文组织描述：多元文化，是人类社会文化多样的自然状态，它不仅指族裔的或者国家的文化元素，而且包括语言和社会经济的多样性。跨文化是一个动态概念，指的是文化群体之间的关系，它被定义为"不同文化的存在和公平的互动，以及通过对话和相互的尊重产生出共享的文化表达的可能性"。跨文化以多元文化为先决条件，产生于地方、地区、国家和国际层面上的"跨文化的"交换和对话。

多元文化教育是通过学习其他文化，以接纳或者至少容忍这些文化。跨文化教育的目的是超越被动的共存，在多元文化的社会通过创造不同文化群体间的理解、尊重和对话，获得一种发展的和可以承受的生活在一起的方式。跨文化教育不是简单地"附加"在普通课程上，它需要整体考虑学习环境，以及教育过程的其他方面。

联合国教科文组织将多元文化教育包含在跨文化教育中。跨文化强调不同文化之间的动态联系。多元文化指多种文化并存，多元文化并不一定是跨文化，因为很有可能各种文化并存而没有互动。跨文化则必定以多元文化为前提，没有多元文化就没有跨文化。

五、跨文化交际的模式

很多学者针对跨文化交际的过程、性质、效果等提出了一些模式。关世杰基于施拉姆的交流模式，对跨文化交际过程进行了描述，形成了自己的跨文化交际模式。

他将跨文化交际分为三个过程：编码、通过渠道传递和解码。编码和解码是在不同文化的码本中实现的。

甲文化发送者将所要发送的信息依甲文化码本和程序进行编码，通过信息渠道传送给乙文化接收者。乙文化接收者依据乙文化码本和程序来对信息进行解码。不同的文化既有相同之处，也有不同之处。所以，解码所获得的信息意义与原信息意义可能会有重合，也可能会发生一定的变化。乙文化接收者基于这些信息形成意向或做出相应的反应，并结合乙文化码本和程序将意向或反应进行编码，将结果反馈给甲文化的发送者。

跨文化交际是一个不断循环的过程，信息发送者与接收者的角色处于不断互换中。

关世杰提出的跨文化交际模式体现了跨文化交际的过程及不同文化码本对这一过程的影响，但是该模式是从传播学的角度出发的，主要关注交际过程，并没有涉及跨文化交际的要素与结果。

卡里·多德从文化学者的角度提出了跨文化交际模式，具体对跨文化交际的过程与模式进行了分析。

根据卡里·多德的模式，交际差异的来源不仅仅限于文化，人际关系与性格对"感知文化差异"也会产生影响。在跨文化交际中，除了要对交际者的文化共性进行关注，还要考虑个别差异。由于存在"感知文化差异"，交际过程中出现不确定性与紧张感的情况经常发生。若交际者太依赖文化定型，或采取退避、拒绝甚至敌对的态度对待其他文化背景的交际者，交际活动可能会失败。若交际者选择恰当的交际策略，以包容的态度面对不同文化背景的交际者，能帮助建立一种基于交际双方共同性的第三种文化，也就是 C 文化。C 文化的建立使得交际双方可以基于一定基础而采用合适的交际策略，正确运用相关交际知识与技能，使交际更有效。而且，良好的交际效果对于 C 文化的范围起着拓展作用，使 A、B 文化的交际者在更加广阔的领域中达成统一的认识，从而形成良性的互动。

根据上面的分析可知，卡里·多德的跨文化交际模型既涉及影响跨文化交际的因素、交际的过程、简单的交际策略和交际所应达到的效果，又有助于跨文化交际能力的界定、交际过程的控制、交际策略的选取以及交际结果的评价。

第二节　跨文化交际意识与能力

一、跨文化交际意识

（一）跨文化交际意识的内涵

意识引领人类的行动，在跨文化交际中，交际者拥有跨文化交际意识，才能自觉按照跨文化交际的规则去理解对方的行为，从而促进跨文化交际的顺利进行。

由于文化差异以及个体差异的存在，因此交际中人的思维与观念也不尽相同。跨文化交际意识承认世界的多样化并尊重不同的文化形式，主张在平等的基础上进行文化间的沟通与交流。因此，了解并具备跨文化交际意识对于当代社会和人的发展而言十分重要。

在跨文化交际研究过程中，跨文化交际意识主要体现在认知方面。跨文化交际意识通过作用于人的思维指导个体的行动。同时，跨文化交际意识带有文化属性，需要交际者主动去探寻自身文化与其他文化的特征，从而提升在跨文化交际中的理解能力与交际能力。具体来说，跨文化交际意识包含以下三个方面的内容：①理解文化差异。②接受文化差异。③能够处理文化差异。

世界文化是平等的，并没有优劣之分，交际者需要具备一定的跨文化交际意识，敏锐地察觉到不同文化间的差异，从而科学有效地处理跨文化交际中出现的问题。

（二）跨文化交际意识培养的目标

跨文化交际意识培养的目标主要包括以下几个方面的内容：①交际者具备获得外国文化信息的能力。②交际者具备良好的文化理解能力。③交际者能对外国文化做出客观的评价。④交际者具备进一步学习外国语言和文化的能力。⑤交际者具有较强的交际能力。

（三）跨文化交际意识培养的内容

跨文化交际意识的培养是一个循序渐进的过程，具体应该包含以下几个方面的内容：①学习文化词汇。②学习文学典故。③了解价值观念。④熟悉节庆假日。⑤规范社交往来。⑥重视非言语交际。

(四) 跨文化交际意识培养的过程

1. 跨文化交际意识的四个阶段

跨文化交际意识可以分为以下四个阶段。

(1) 旅游者心态

在形成跨文化交际意识的初期,交际者会产生一种旅游者心态。这种心态的特点是交际者从自身文化的角度去观察其他文化,对文化事物的认识停留在表面阶段,不了解不同文化事物间的内在联系。交际者在这一层次容易产生模式化的文化认知,将个别文化现象当作普遍现象,并认为其是文化的本质。一些交际者会受到文化偏见、文化优越感、文化模式化的影响。

(2) 文化休克

当跨文化交际者开始接触不同文化时,由于不了解异域文化,并且不能适应新的文化形式,便有可能在交际中出现一定的误解与冲突现象。一些交际者在经历了一系列的困难之后,会选择对异国文化进行逃避与对抗,从而产生一种文化休克。文化休克使交际者产生强烈的不安感和抗拒感。

(3) 理性分析与愿意适应

在经历了一段时期的文化休克之后,交际者提高了跨文化知识水平,同时跨文化交际的频繁也使得交际者熟悉和接受新的文化环境,这时就会对新的文化进行理性分析,并从主观上愿意适应新的文化形式。

(4) 主动了解和自觉适应

跨文化交际意识的第四个阶段是交际者主动了解和自觉适应新的文化形式,并能够利用更多的时间和精力去发掘文化事物产生的原因,也就是对文化冰山下的社会状况、价值观念等进行主动察觉。这个阶段是跨文化交际意识培养的较高层次,交际者已经熟悉并能理解新的文化与交际对象,并从主观上愿意改变自己的意识,主动适应和接受新的文化。

2. 培养跨文化交际意识的步骤

了解了跨文化交际意识的四个阶段以后,借鉴西方跨文化交际意识的研究成果并结合我们自身的实际情况,对跨文化非语言行为的理解需要交际者首先了解自身的非言语交际行为,这样才能在脑海中进行非语言行为的对比和分析活动,从而正确理解交际信息。

二、跨文化交际能力

（一）跨文化交际能力的内涵

"跨文化交际能力"指的是针对跨文化交际过程中出现的关键性问题，如文化差异、文化陌生感、文化内部态度、心理压力等的处理能力。在具体的跨文化交际实践中，跨文化交际能力体现在得体性和有效性两个方面。

跨文化交际能力的得体性包括：①符合目的语文化的社会规范。②符合目的语文化的行为模式。③符合目的语文化的价值取向。

跨文化交际能力的有效性主要指的是能够实现交际目标。

跨文化交际能力带有内在性，可以由交际者有意识地进行知识输入，并利用一定的语言技巧在跨文化交际的行为中得到体现。

（二）跨文化交际能力的组成

1. 态度（Attitude）

态度是跨文化交际能力的重要组成部分，指的是交际者对于目的语文化的看法，尤其体现在对自身文化与目的语文化不同之处的态度上。在跨文化交际中，交际者应该对交际对方采取积极的态度，同时保持自己的好奇心，利用开放的心态认识自身的民族文化。

2. 知识（Knowledge）

跨文化交际能力中的知识既包括本人与交际对方国家与民族的社会文化知识，也包括在具体交际过程中根据需要运用社会文化准则与控制交际进程的知识。

3. 技能（Skills）

技能是跨文化交际能力的重要方面，首先是理解、说明并建立两种文化间关系的技能，其次包括发现新信息并在交际中使用的技能。

（三）跨文化交际能力的培养

1. 了解文化差异

人类文化虽然带有一定的共性，但是其差异性却是主要的部分。了解文化差异是培养跨文化交际能力的首要步骤。中西方在具体交际过程中，在问候方式、称呼方式、时间观、价值观、隐私观等很多方面都有差异性，这些差异的存在直接影响着跨文化交际的进行。交际者应该在尊重不同文化的基础上,正确了解和处理这些差异,才能保证跨文化交际的顺利展开。

虽然文化的内涵十分丰富,但是从根本上说,文化主要包括知识文化和交际文化两个部分。知识文化具体包括文学、哲学、政治、经济、历史、科技、艺术成就在内的所有知识。交际文化包括思维方式、社会习俗、行为准则和生活习惯等方面内容。交际能力是知识文化与交际文化的结合,不仅要求交际者具备一定的语言能力,还要求交际者有着灵活的语言使用能力。因此,交际者需要在掌握自身文化与目的语文化差异的基础上,根据具体的语境进行跨文化交际行为。

2. 发展跨文化技能

了解文化差异是发展跨文化技能的保证,具体包含以下几个方面:①扫除民族中心主义和思维定式的障碍。②在具体的跨文化交际中,培养自身灵活处理交际情境的能力。③进一步加深对目的语文化的认识,了解目的语文化现象的深层原因,掌握其内在规律。

3. 提高文化认同度

对我国传统的英语教学模式下的学生进行观察,可以发现很多学生都具有生成正确的语言表达的能力,但其表达却并不是十分"地道"。归根结底,是因为学生在语言表达中忽视了语言中的文化因素,加之交际双方的文化认同感不高,从而很可能造成跨文化交际的失败。文化认同指的是个体对自身文化与所依附的文化群体产生的归属感,并在此基础上获取个体文化,同时对其加以保留与丰富的社会心理过程。文化认同感主要体现在以下几个方面:①认同不同的社会价值规范。②认同不同的风俗习惯。③认同不同的语言。④认同不同的艺术。

随着国家、地域之间的沟通与合作日益密切,各民族之间的关系也越加紧密。社会的发展使自身的文化得以传播与发展,同时和其他国家密切的沟通也在潜移默化中促进文化的融合与交流。

在这个过程中,人们开始对自身所处的文化群体与异族文化进行对比与分析,并产生一定的认知与见解。跨文化交际的进行需要不同文化背景下的交际者找到共同的交际话题,并放弃或者变革自身的固有看法与观念,从而达到求同存异的目的。但是,这并不是说要彻底放弃自身的文化。交际者还需要加强文化的自觉性,树立跨文化交际的意识,提升对本民族的认同感,从而在跨文化交际中确保本民族的生存与发展权利,并积极进行本民族文化的宣传。

提高文化认同度表现出人类对文化内涵产生的共识与认可,因此是跨文化交际活动中重要的语用原则。鉴于此，教师在跨文化交际能力培养过程中应该充分让学生了解我国的优秀文化，引发学生的民族自尊心、自豪感，并能使学生使用英语进行我国文化的表达，推动我国优秀文化的传播。同时，提高文化认同度还能够防范民族中心主义在跨文化交际中的不良影响，帮助学生使用理性的思维模式去看待不同的文化。跨文化交际的过程也是交际者定位自身文化、适应多元文化的过程，是跨文化交际顺利进行的重要前提。

4. 处理文化间的认知关系

（1）处理本土文化与英语文化的认知关系

在经济全球化的时代，英语作为一种通用语言在全世界范围内广泛应用。学者克里斯特尔指出，英语作为世界通用语言主要包含以下两层含义：英语为全世界英语使用者所共同享有；英语中应该包含不同地域、不同文化特征的本土化的英语表达形式。

我国十分重视英语的学习，这不仅是我国学生了解世界的方式，也是利用英语让世界了解中国的有效途径。从这个意义上说，英语交流是一种双向互动的方式。但是，我国传统的英语教学主要是一种单向的知识灌输，忽视了对文化与交际的教学。同时，教学中主要是介绍英美国家的文化对中国社会文化产生的影响，忽视了中国传统文化的学习。

跨文化交际能力的培养需要教师正确处理本土文化与英语文化的认知关系。英语能力的欠缺，一方面是学习者语言基础知识不牢固，另一方面也反映了学习者文化知识的欠缺。这种文化知识的欠缺不仅是对西方文化的陌生，也表现在对本土文化的不了解。在跨文化交际过程中，如果交际者缺少对本土文化的了解，就可能在表达中国特有思想文化上产生困难，从而影响整个交际的进行。总之，处理本土文化与英语文化的认知关系可以从以下两个角度着手。

第一，重视母语与母语文化的学习。语言是民族特征的反映，蕴含着不同民族的历史与文化，也反映了不同民族的思维方式、生活方式和认知方式。汉语的学习使得人们形成了汉语思维方式，通过汉语文化的学习，能够传承与发扬本民族文化。承认中国英语存在的客观性，从而用于跨文化交际。英语是世界通用语言，不同的民族根据自身需要可以对英语进行变体，从而适应自身的需求。中国英语就是英语的重要变体之一。在使用中国英语的过程中，应该注意以下几个方面的问题：通过使用合乎英语语言规则的方式提高中国英语的可接受程度；在语言表达过程中要注意中国特色文化的凸显；针对交际中出现或可能出现的民族文化冲突，交际者要通过自己的解释让交际对方了解，从而顺利完成跨文化交际的任务。

第二，在跨文化交际能力的培养过程中应该处理好本土文化与英语文化的认知关系，平衡好英语教学中中国优秀文化与英语文化之间的比例关系。大学英语教学应该重视吸收西方文化的精华，也不能忽视利用中国英语达到对外宣传我国文化的作用。要充分发挥英语双向交流与沟通的作用，提高学习者的跨文化交际能力、文化理解能力，从而能够更加游刃有余地应对跨文化交际的实践。

(2) 处理英语功用性与人文性的认知关系

语言是人类进行交际的工具，也承载着丰富的文化，体现了人类的文明程度。从这个意义上说，英语具有功用性与人文性双重特质。

英语的功用性主要体现在其认识世界、改造世界的功能以及交际功能上。英语人文性体现在其教化功能，通过英语能够进行文化的传承与教育，从而帮助学习者塑造良好的人格。学习者通过带有人文性的语言学习，在过程中能够获得一定的暗示与引导，提高自身的人文素质。英语的学习首先吸引人的是它的实用价值，现如今英语水平和学生的升学、毕业、留学、就业等息息相关，甚至在一定程度上能够体现出一个人的社会地位。

随着时代竞争性的提高，很多学习者都想通过英语来达成自身的实用目的。很多大学以此为教学目的，纷纷开设了英语实用类课程。从短期看，虽然实用性指导下的英语教学能够完成教学目标，对学习者的实用目的有一定的帮助，但是从长远看，实用性指导下的英语教学缺少英语的人文教学，学生的人文修养缺失，不利于学生精神层面的建设。实用性下的英语教学可以直观地通过考试来测试学生的语言知识与技能，却很难量化出学生的人文素养。跨文化交际不仅是学生知识与技能的挑战，同时需要学生具备一定的人文素养与文化底蕴。大学生跨文化交际能力的培养应该重视语言的功用性，并体现出语言的人文性。

5. 帮助学生实现情感迁移

在大学英语教学中应该强化学生的文化性，实现跨文化交际层面的情感迁移。具体而言，包括以下几个方面的内容：①对不确定性的容忍度。②灵活性。③共情能力。④悬置判断的能力。

因此，顺利开展跨文化交际需要学生有了解异域文化的兴趣，同时还能够以积极、开放的心态对待异国文化。从这个意义上说，跨文化交际技能的培养首先就要从学生的情感体系入手进行。

不同的文化有着自身独特的历史发展缘由，因此是带有个体差异性的平等主体。

在跨文化交际能力的培养中，教师应该让学生了解不同文化的特点，从而帮助学生培养移情能力，让学生能够以平等的心态来对待外国文化与本国传统文化。具体来说，跨文化交际能力的培养者可以通过以下途径进行。

第一，帮助学生树立平等的意识，这是进行跨文化交际的基础。学生要了解到文化差异的存在，认识到交际中出现误解与碰撞是正常的。同时这种文化的差异是可以理解与接受的，关键在于要如何处理文化差异。在跨文化交际的过程中，需要交际者在了解彼此文化的基础上尊重对方的文化，并能够宽容对待不同的文化，这样才能实现文化之间的交流与理解。跨文化交际的过程也是文化碰撞与交流的过程，跨文化交际能力的培养是在平等意识的基础上建立的。这种平等要求交际者既要保持自身文化的特点，同时还要进行文化的交流与融合，形成一种动态的文化平衡。

第二，培养学生的文化移情能力。文化移情指的是在具体的跨文化交际过程中，交际者能够站在交际对方的角度来思考问题，具备超越定式思维的能力，能够突破母语文化的约束，采用另一种文化角度进行思考。在跨文化交际能力培养过程中，文化移情是一种重要的沟通与交流方式。具体来说，文化移情主要包括以下两个方面的内容。

其一，语言语用移情，指的是交际者能够使用交际对方接受的话语来传达自身的交际意图。

其二，社会语用移情，指的是交际者能够自觉站到对方的立场，了解不同的文化习俗与文化特点。

文化移情体现出交际者的交际态度与文化价值观，直接影响着跨文化交际的进行。在跨文化交际过程中，交际者的文化移情能力强，就会灵活地避免文化冲突，摆脱定式思维的影响。培养学生的文化移情能力，需要注重对学生文化敏感性与宽容性的培养。例如，直接去英语国家生活；利用电视、电影、录像、书籍等增加对英语文化的认识。

具体来说，在文化交际实践中，实现移情一般需要经历以下六个步骤。

第一，承认文化之间的差异性。

第二，认识自我。

第三，悬置自我。

第四，体验对方。

第五，准备移情。

第六，重建自我。

第三节　跨文化交际的主要理论

跨文化交际的理论有很多，限于篇幅，这里主要介绍以下三个较具影响的理论。

一、意义协调理论

美国传播学大师巴内特·皮尔斯和弗农·克罗农提出了意义协调理论。他们认为交际过程受到规则制约和指导，因此对于这一理论来说，规则显得尤为重要。

意义协调理论一般指"个体如何确立规则，创造和解释意义以及这些规则如何在交谈的意义协调中使用"。这一理论提出的基础是哲学、心理学以及教育学的研究成果。

（一）意义协调理论的前提假设

意义协调理论主要对个人以及个人与他人的关系进行关注，同时阐明了个体如何把意义赋予某个信息。意义协调理论的前提假设如下。

1. 个人生活在交际中

皮尔斯指出，人类交际的重要性远远超乎人类的想象，人类是在交际中生活的。

根据意义协调理论的观点，社会情境具有互动性与创造性。正在进行社会交往的交际双方对谈话意义具有决定作用。在交际活动中，交际者是人际交往系统所必不可少的，与此同时，人际交往系统能对每个交际者的行为与反应做出解释。交谈的实现是由个体所创造的，所以每一个互动都具有自身的特点。

皮尔斯和克罗农认为只有重新审视交际，在新的语境中理解交际，才能较好地理解人类行为。鉴于此，要先意识到交际的重要性。

2. 人类共同创造社会实在

社会实在，即"个体对意义和行为的理解与他人交际互动的符合程度"。在交谈前，交际双方都有自身的交谈经验；在谈话过程中，双方是从不同的起点来进入交谈的。可见，新的社会实在是由交际双方共同努力的结果。

3. 信息传递依赖于个人意义和人际间的意义

所谓个人意义，是指"个人在与他人互动的过程中，从个人自身经验出发所得到的意义"。

个人意义呈现出明显的个体差异，这是因为其主要来源于人们过去与他人交往的经验。个人意义能帮助人们在交际过程中发现自己与他人相关的信息。如果互动双方对彼此解释形成统一的共识，即可获得人际间的意义。

人与人之间的关系复杂多样，因此人际间意义的获取需要经过一定的时间。一般情况下，交谈中的人们不假思索就能获得个人意义与人际间的意义。

(二) 意义协调理论的总结

皮尔斯和克罗农的意义协调理论试图就交际者的内心情况展开探讨，研究交际者是如何对意义进行管理的。意义协调理论立足于交际，具有一定的启发性，这一理论对于人际交往具有指导性的意义。

意义协调理论存在很多优点，但也有自身的局限性。例如，戴维·布伦德斯对"个体在与他人的交谈中引入独特的语言系统"提出了质疑。他认为"意义是个人内在的经验"的看法是错误的，因为人们拥有共享的语言，并非私人产物，而是共享的象征意义的中介。皮尔斯和克罗农认为交谈中的使用规则因人而异，而戴维·布伦德斯则认为该观点太宽泛，同时对于意义的社会属性也没有明确的说明。

二、言语代码理论

(一) 言语代码理论的前提假设

菲利普森提出了五个前提假设来解释言语代码的基础。

1. 每一种文化都有特定的言语代码

鉴于言语代码存在一定的差异，菲利普森提出了这样的假设："每一种文化，都拥有自己特定的言语代码。"菲利普森等学者研究证明，文化会对人类的交际活动产生一定的影响。言语代码一般是在特定的地点、被特定的一群人所使用。

2. 言语代码包含能体现文化差异的心理学体系、社会学体系及语言风格

该假设认为，言语代码与某种文化的心理学特征存在紧密的联系，它与人们如何看待自己息息相关。也可以说，一些特定的态度、价值观、心理状态为某些特定的文化所特有。

3. 言语的意义依靠听者和说者双方使用的言语代码对交际行为进行创造和解释

根据该假设，言语的意义与使用该语言的人有关。只有通过人们的言语和所使用的言语代码才能真正理解交际行为。在交际的过程中，交际者发出一些行为，别人往往会对这些行为做出相应的解释，要解释就必然要用到言语代码。

4. 言语代码的细则、使用规则以及前提与言语本体相融合，伴随着言语的

始终

这一假设意味着言语代码经常显现，任何人均能察觉到它。可借助对文化成员的交际活动进行观察来研究其所用的言语代码，也可借助一些交际活动（如打招呼的礼节）来发现言语代码。

5. 对共享的言语代码的巧妙使用是进行预测、解释和根据交际行为的可理解性、审慎性及道德标准对语篇形式控制的必要条件

该假设认为巧妙地理解和使用言语代码，尽管人们被言语代码所包围，他们还会反思这些代码，从而给他们的典型模式带来一些变化。也就是说，改变或避免代码的某些方面存在一定的可能性。同时，情境也会对言语代码带来改变。因此，交际双方必须同时成为交际活动的参与者和观察者，以有效地控制或预测他人的言语与行为。

（二）言语代码理论的总结

菲利普森认为，"每一次社区谈话都在交流行为中留有不同的文化方式与文化内涵的痕迹"。对于人类生活而言，群体成员参与社区谈话非常普遍，但是每个社区谈话均有自己的文化特点。此外，他指出，"交际是在个人和社区生活中使文化的功能得以实现的具有启发性和实践性的资源"。

对于言语代码理论，有学者提出了质疑。有学者认为，言语代码理论过于泛泛，对价值观念与道德伦理等因素并没有进行关注。此外，对于人们如何看待和感受他们每天所要面对的不同情境，菲利普森也未进行探讨。

不可否认的是，对于菲利普森提出的许多观点，人们都表示赞同与接受。每种文化的成员都共享一套独特的言语代码与交际方式，这些代码是同一言语社团人们沟通的重要桥梁，但是不利于与其他社团人的沟通。

三、跨文化调适理论

（一）跨文化调适理论的前提假设

①调适是一种自然而普遍的现象。调适是人类的本能，能确保人们在对抗性的环境中保持相对的平衡。跨文化调适是"环境适应过程中的普遍过程"。②跨文化调适并不是需要具体分析的变量，而是一个人在面对新的陌生环境时的整体进化过程。要理解跨文化调适，需要将其放在人与环境的互动中。③跨文化调适是在交际活动中发生的过程。交际是

一种必要载体，只有个体在同新环境发生互动的时候，跨文化调适才存在。唯一不会发生文化调适现象的情况即为个体与新环境处于绝对隔离的场景中。④调适是一种对于所有生命体系来讲都自然而普遍的现象，交际是适应的方式。在这样的前提下，研究者主要考虑的是他们如何进行调适，调适的原因是什么，而不是个体在进入新的环境中是否可以调适。

（二）跨文化调适理论的总结

自20世纪初以来，关于跨文化调适的研究不断发展，并且取得了明显的成果。这些学术见解或观点既给跨文化适应研究带来了一些相关的信息来源，又给后来者的研究造成一些不便。

跨文化调适研究主要采用群体研究方法和个人研究方法。

个人研究方法通过个人在旅居国的适应活动来对个人心理表现与旅居社会的融合程度进行研究。

跨文化调适的现象存在是客观的。理解了跨文化调适现象的客观性，接下来要面对的是进行怎样的改变。通过培养在新文化中的交际能力，我们的适应性会相应地有所提高；反之，适应性会减弱。

如果我们一直坚持进行成功调适的目标，那么一些微妙的下意识的改变将会出现，从而加速我们在知觉与情感上的成熟，并且对人们的生活状况有更深入的认识与了解。

随着心智和身体的适应，压力和调适将会使跨文化身份感得到加深。

在这一过程中，关于"我们"和"他们"之间的那条界线会变得模糊起来。

我们旧的文化身份是不可能被新的文化身份所取代的，而是会转化成一种新旧文化身份的并存，这样，面对人们之间的差异性，我们会变得更包容。

我们会肯定自己去改变的能力，并坦然地面对我们将来可能成为的样子。

第二章　跨文化交际与大学英语教学的融合

第一节　跨文化交际与高校英语教学

英语语言文化是高校教学内容的重要组成部分，跨文化语言交际能力在高校英语教学中具有十分重要的意义。高校英语教学不能只停留在传授机械的语言知识的层面，而是要深入研究英语的语言文化背景，培养学生的思维探究能力和语言应用能力，不断提高学生跨文化交际的能力。高校教育注重培养的是全方面发展的高素质文化精英，因此，在英语教学过程中，教师要树立理论与实践相结合的教学理念，在打好语言知识基础的前提条件下，注重培养学生英语语言的实际应用能力，不断提高英语教学的效果和水平。

高校英语教学的最终目的是培养学生进行跨文化交际的能力。由于世界各民族文化存在鲜明的差异性，不同的语言文化自然会呈现出不同的语言形态。因此，在高校英语教学过程中，教师不仅要指导学生认识中西方语言的差异性，还要积极引导学生探究中西方文化的差异性，只有联系语言环境，把握不同文化与语言之间的内在发展规律，才能更好地掌握英语言，学生才能更好地学以致用，有效地进行跨文化语言交际。

近年来，高校英语教学逐渐由以前的结构主义理论和教学方法转向交际性教学原则和方法。与此密切相关的原则就是交际教学中语言与文化的关系。新的教学大纲对于英语教学的交际性原则、语言与文化的关系等做了较为明晰的论述，《英语专业课程教学大纲》对文化教学的要求是：熟悉中国文化传统，具有一定的艺术修养，有较扎实的汉语基本功；熟悉英语国家的地理、历史、发展现状、文化传统、风俗习惯；具有较多的人文知识和科技知识，掌握基本的数理化知识；具有较强的英语口头和书面表达能力；具有较强的创新意识和一定的创新能力。

注重培养跨文化交际能力。在专业课程的教学中要注重培养学生对文化差异的敏感性、宽容性以及处理文化差异的灵活性。有效地在高校英语教学中培养学生交际能力的第一步，就是解决交际能力与文化教学之间关系的问题。

一、关于交际能力

卡纳尔与斯温认为，语言交际能力包括语法能力，即语音、词汇、语法等语言知识；社会语言学能力，即语言使用的社会规则和话语使用方式；会话能力，即超出句子层面的语篇交际能力；应变能力，即语言和非语言的交际能力。卡纳尔与斯温所建构的语言交际能力模式，比较贴近语言教学实际，但似乎没有超脱母语教学的范围，与以不同的文化背景为特征的第二语言教学的要求仍有一定的距离。美国外语教学协会在其提出的外语能力学习中已将文化教学列入交际能力的内容，他们认为交际能力应包括下列五个方面的内容：①语言：指掌握语法知识；②功能：指运用外语听说读写四个方面的能力；③语境：指选择与所处语境、话语场所相适应的话语；④交际者之间的关系：根据对方的身份、地位、社会距离，说出合乎自己身份的话语；⑤社会文化知识：语言是一种"社会实践"。这其中后三个方面综合起来就是一点——语言得体性。也就是说，学生在语言能力方面，应掌握扎实、宽泛的语言知识和言语技能，熟悉语言结构和语言单位所隐含的民族文化成分；在语用方面，能够识别所学语言文化特有的语言和非语言行为，并能解释其功能，具备超越句子的篇章交际能力，懂得不同语境中语言使用的社会规则和话语使用方式，了解不同语言行为的民族文化定式，熟悉话语的文化背景和文化契约；在行为能力方面，了解不同社会背景人的语言特征，并能用适当言语行为和非言语行为表达不同的人际关系，熟悉不同社会环境的语言行为习惯和方式，并能主动适应。

交际能力的培养就是使学习者掌握在与对方交流中，根据话题、语境、文化背景讲出得体、恰当的话。这种能力反映出学习者对该语言所代表文化的了解程度。语言得体性离不开社会文化知识。文化语言学研究表明，语言中储存了一个民族所有的社会生活经验，反映了该民族文化的全部特征。儿童在习得一种民族语言的同时，也就是在学习该民族的文化。所以，语言和交际不可能脱离文化而单独存在。

二、文化教学的概念

文化教学概念的提出，理论上源于人们对语言功能的新认识和语言与文化关系研究的新成果，借鉴了国外一些新的教学理念和方法，是我国外语学科教学思想、教学观念、教学内容和教学方法的一次新的飞跃，标志着我国英语教学由传统模式向现代化教学模式转变的新阶段。胡文仲将英语跨文化交际学所指的文化教学的主要内容概括为以下四个方面：在教授语言（语音、语法、词汇、文体）的同时结合语境和文化背景、文化内涵教学；分析学生由于文化因素干扰造成的语言错误，从而提高学生对文化的敏感性，使他们认识到跨文化交际绝不只是掌握语言形式就能顺利完成的；开设所学语言国家的历史、文学、概况等课程，系统地传授知识文化；开设语用学、语言国情学、语言与文化、跨文化交际学等课程，从理论上提高学生的跨文化交际能力。

应该说，文化教学是针对传统教学模式中只注重语言本身和语言教学的弊端和危害而言的，是英语教学的一部分，文化教学不能脱离语言教学本身。文化教学应该是英语教学的基本原则，是英语教学的有效手段、重要内容和主要方法。

三、文化教学的作用

由于语言和文化是不可分割的，在教学中渗入文化是十分必要的，特别是教师可以利用现代的多媒体教学手段，向学生传递丰富多彩的文化知识，通过教学双方的共同努力，可以对学生和教学效果产生双重效应。

（一）文化教学可以优化学生的知识结构

不同的言语表达形式受所学语言国家人文、地理、历史、社会制度、生活方式、风土人情、社会传统、民族习俗、言语礼节以及民族心理、伦理道德、行为规范、传统观念等一系列知识的影响，相同的概念会有许多不同的表达形式。比如：讲汉语的人说"天生有福"，俄国人要说"穿着衬衣生下来的"，英国人要说"生来嘴里就含着一把银勺"，德国人要说"梳好了头才出世的"。讲汉语的人说"一箭双雕"或"一举两得"，俄国人要说"一枪打死两只兔子"，英国人要说"一块石头打死两只鸟"，德国人要说"一个拍子打死两只苍蝇"。在教学中通过文化分析可以优化学生的知识结构，使学生具有知识比较能力。

（二）文化教学可以优化学生的能力结构

跨文化交际的成功有赖于对不同文化模式的了解。文化教学致力于揭示英语教学中的交际文化，必然会涉及不同的语言结构、认知和交际知识，以及身势语、社交礼仪、交际环境、交际方法、交际态度等方面的非语言文化知识。这无疑能促进学生英语应用能力的提高，避免或减少跨文化交际失误，解决说什么、怎么说的问题。比如："你吃饭了吗？"以中国文化模式解码，大多时候只是一句客套话，一种人际间的寒暄；若以西方文化模式来理解，它就是要求别人共同进餐的信号，而决不会产生客套、寒暄的感觉。中国人点头表示"同意"，而在印度和希腊等地，意思恰好相反。

（三）文化教学可以提高学生的社会文化敏悟力

文化敏悟力指的是透过语言的外表，对语言深层次结构的综合理解能力，在英语教学中属于背景知识的范畴。英语教学的目的是培养学生的跨文化交际能力，而文化敏悟力本身就是一种交际能力。比如，学生在学习中会遇到这样的句子："You chicken! He cried, looking at Tom with contempt." 或 "The stork visited the Howard Johnston yesterday." 如果不知道 chicken 指"懦夫"或"胆小鬼"，不知道 a visit from the stork 指"孩子诞生"，仅用母语文化的定式去理解，这两个句子是怎么也翻译不好的，由此可以看出文化敏悟力对英语学习的重要性。跨文化交际的敏悟力的提高可以分为四个阶段：首先是产生好奇心；其次是与本民族文化比较，意识到一些难以想象或不合道理的细微复杂的文化特点；再次是在此基础上，通过理性分析认为这些文化特点是可信的；最后通过与本民族文化的比较，体会和了解这一文化，并学会在适当的场合运用这一文化。教师应鼓励学生通过读外国文学著作、看外国电影和纪录片等方式了解世界各国的风土人情。在课上和课外，教师要有目的地组织文化观大讨论，进行不同文化、风俗、习惯的比较，让学生产生文化比较的意识。

（四）文化教学可以激发学生的学习兴趣

学生是否能学好英语，兴趣是一个重要的因素。因为有了学习的兴趣才会有学习的动力，才能激发学习的主动性和能动性，让学生充分发掘、发挥自身的能力。文化教学无论在方法上还是在理论上都有别于传统的语言教学。其中最显著的特点是不局限于对语言材料做机械的、枯燥的解词释义，即就词讲词或就语法讲语法，而是通过语言看文化，通过语言文化的比较了解不同民族的生活习惯和不同的语言特点，使教学内容由原来的枯燥、单一转向丰富、生动，从而引起学生探索语言的热情。比如，apple 在汉语里对应的词是"苹果"或"苹果树"，而英语里的 apple 有许多引申意义，如 custard apple（番荔枝）、love apple（番茄）、crab apple（海棠）、wise apple（傲慢的年轻人）、the apple of one's eye（掌上明珠）、the Big Apple（纽约城）、as American as apple pie（典型美国式的，地道美国式的）。还有许多具有深层意义的词语，如 apple of discord 指的是争端、祸根，源于希腊神话中三个最漂亮的女神争夺金苹果的故事；apple of Sodom 或者 Dead Sea apple 指的是索多玛地方的果子，传说中的一种产于死海附近的果子，外表美丽，但摘下来便化为灰烬，现转义为华而不实的东西、虚有其表的事物。学生通过汉英词语的比较以及对一些典故的了解，会极大地激发学习英语的兴趣，既学到了语言知识，又领略了英美民族的传统文化。

四、交际能力与文化教学的关系

交际能力与交际环境和文化之间的关系是密切相连的，但不同文化的成员对于交际行为会做出不同的解释。简单地讲，交际能力就是要有与他人进行有益对话的能力；有与陌生人交往的能力；有处理与别人交际时出现的误解的能力；有适应不同文化、不同交际风格的能力；具有建立和维护人际关系的能力和准确理解别人情感的能力；有与别人有效合作的能力和情感同化的能力；有与不同社会习俗和行为方式的人进行成功交际的能力等。

英语教学的根本目的就是为了实现跨文化交际，就是为了与不同文化背景的人进行交流。全面提高英语教学的效率和质量，大幅度地提高学生的英语应用能力，既是中国国民经济发展的迫切需要，同时也是跨世纪中国高等教育的一项紧迫任务。为了实现这个目标，我们要正确认识到英语教学是跨文化教学的一环，将语言看作是与文化、社会密不可分的一个整体，并在教学大纲、教材、课堂教学、语言测试以及英语的第二课堂里全面反映出来。跨文化交际者不能仅仅只掌握有关文化差异和文化标准方面的知识，因为该知识尚不能保证在具体的相互交际过程中从陌生的表达方式里识别出不同文化差异和文化标准。

在英语教学中，文化教学是一种特有的形式，是一种教学手段，它不是教学本体而是教学辅助。英语教学和文化教学之间的关系应该是具有同步性、互补性和兼容性。所以，在英语教学中体现文化教学可以优化学生的知识结构，通过学习所学语言国家的人文、历史、地理、政治、经济、教育、社会制度、生活方式、风土人情、社会传统、民族习俗礼节以及民族心理、伦理道德、行为规范、价值观念等一系列的知识，从而丰富学生的知识，激发学生的求知欲。

五、高校英语教学引入跨文化交际的必要性

（一）英语教学和跨文化交际

英语教学的最终目的是使学生运用所学的语言进行交际，跨文化交际既是英语教学的目的，也是英语教学的手段。在英语教学中应体现交际性，不但要传授语言结构知识，而且要将语言结构运用到一定的交际情境中。美国外语教学协会在其提出的外语能力学习中已将文化教学列入交际能力的内容。他们认为语言首先是一种"社会实践"，交际能力应包括语言、功能、语境和交际者之间的关系。语言指掌握语法知识；功能指运用外语听、说、读、写四方面的能力；语境指选择与所处语境、话语场合相适应的话语；交际者之间的关系是指根据对方的身份、地位、社会距离，说出合乎自己身份的话语。这其中后三个方面综合起来就是语言交际得体性。交际能力的培养就是使学生掌握在与对方交流中，根据话题、语境、文化背景讲出得体恰当的话语的能力。因此，在英语教学中，跨文化因素

的导入能够使学生更清楚地认识到英语的结构和本质，能够预测、解释、改正和消除母语对英语学习可能产生的错误，极大地提高英语教学的效果。

（二）语言教学和文化教学

语言是文化的一部分，是一种民族文化的表现与承载形式；文化是语言的底蕴。人类通过语言沟通彼此的思想和感情，同时，语言也存储了前人的劳动和生活经验，记录着民族的历史，反映着民族的经济生活，透视出民族的文化心态，蕴含着民族的思维方式，是文化的载体和结晶。我们可以用我们已经用以定义文化的完全相同的措辞来定义语言。它包括一个人想要理解的一切，以便能够以一种他们可以接受的与他们自己的方式相对应的方式，与其他语言使用者进行像他们彼此间那样进行的充分交流。从这个意义上来说，一个社会的语言是其文化的一个方面。人类在创造文化的过程中必须交流思想、协调行动，而语言则是人类最主要的交际工具。与此同时，语言作为思想的直接现实，又是信息和知识的载体。

一个民族各层次的文化必然会在这个民族所说的语言上留有印记，由此体现了语言的文化载储功能。而文化作为语言表现的基本内容，制约着语言的形式，不断地将自己的精髓注入语言之中，丰富和更新着语言的文化内涵。语言是随着民族的发展而发展的，语言是社会民族文化的一个组成部分，两者密不可分，世界上不存在脱离语言的文化，也不存在脱离特定文化背景和内涵的语言。因此，不了解文化就无法真正学好语言。

（三）语言能力和交际能力

从广泛意义上来说，交际能力包括语言能力和语用能力。交际能力是语言的构成规则和语言的使用规则在一定情境中的具体运用，作为交际工具的语言不能成为脱离交际活动实践的绝对自足的封闭系统，交际能力的培养必须建立在语言能力的基础之上。从狭义上来看，语言能力也不是指自说自话，它既指规范语言本身，又指规范语言的合理应用。正是在这个意义上，人们同意在性质上对同一事物做以下双向度的区分和描述：语言能力、交际能力。我们应充分注意20世纪50年代以来在世界范围发展起来的一门学术及应用学科——"跨文化交际"，又叫"比较文化"，它强调对语言进行整体研究，强调语言的应用，强调反映语言和语境的关系，注意说话者、听话者、话题、交际方式、时间、地点的统一。

交际能力正是语言的基本结构在语境中的复现，它使语言知识在语境中得以应用。任何话语的运用，往往都同时完成三种行为：一是言内行为，一切以语音表达的有意义的话语以及按句法规则连接的词所表达的概念、意义；二是言外行为，依照说话人和听话人之间存在的特定关系而进行的言语行为；三是言后行为，其功能并不直接体现于话语之中，而取决于言语的情境。在这里，言内行为已超脱传统意义上的语义学、句法学的范畴，而是视言外行为和言后行为的需要呈现出语言所固有的丰富品格。也就是说，三者协调一致，共同完成话语的表意功能。

（四）语言、文化与交际"三位一体"的关系

文化被视为"信仰、价值观、习俗和行为举止的一个共享体系，人们用其与他人和世界交流，并通过学习的方式将其传承"。这就说明，文化由共享的行为模式（交际）和意义系统（语言）组成。另一种观点则认为，文化包括物质实体价值观、行为模式等要素，"是一个社会成员共同拥有、所思考和所做的一切"。也就是说，语言和交际是文化的一部分，即语言、交际和文化是不可分割的一个整体。

在由语言、文化与交际共同构成的人类活动体系中，语言是重要的交际模式，文化是交际依存的环境，交际是信息传递的过程。交际不仅传递思想内容，而且传递有关交际双方之间关系的信息。前者主要是通过语言传递，后者往往是通过非语言手段传递。在整个交际过程中，语境起着非常重要的作用。语境包括两方面：地理位置和周围布置等客观环境、场合特点和人际关系等社会文化环境。这些环境因素不仅直接影响语言的使用和非语言行为，而且对所传递信息的感知和理解也产生影响。而环境本身蕴含丰富的文化内容，来自不同文化背景的人会对相同的客观环境和社会文化环境持有完全不同的理解，因此可以说，文化决定着语言和交际。

语言的使用反映了人们的价值观念、生活方式和思维习惯，而社会文化的发展变化是语言赖以生存和发展的基础，交际则是联系语言和文化的纽带。因此，语言、文化与交际之间是一种水乳交融、不可分割的"三位一体"的关系。

总而言之，在语言、文化、跨文化交际三者的关系中，语言反映文化，文化影响语言的使用和发展；在以一种语言为媒介的跨文化交际中，交际者应遵循该语言的文化语用规则。英语教学的最终目的在于使学生掌握并熟练运用地道的语言，并能结合目的语国家的文化规范，运用准确的目的语言进行交际。在英语教学中，必须将跨文化的交际性作为教学的主导原则，以语言的应用及交际能力为出发点设计教学。教师应意识到跨文化交际教学是英语教学过程的一个重要环节，教师有责任提高学生的跨文化意识，在传授语言的同时同步传授文化知识。在英语教学中，不仅要注意语言结构的教学，而且要注意将比较文化引入英语教学中，注重英语的功能、交际和语用方面的教学，以帮助学生正确熟练地学

习使用英语母语者普遍接受的英语，即地道的英语。

第二节 跨文化交际能力培养与高校英语教学的融合

一、跨文化交际能力培养与高校英语教学融合的背景

大学生跨文化交际能力的培养已成为国内外英语教育界广泛关注的课题。《普通高等学校本科专业类教学质量国家标准·外国语言文学类教学质量国家标准》明确了跨文化交际能力在高校英语教学和英语专业教学中的重要地位和发展路径，为全国高校下一步教学改革指明了方向。语言作为文化的载体，高校英语教学的过程在某种程度上，也是跨文化交际能力的培养过程。但在教学操作层面，语言技能训练与跨文化交际能力培养的结合仍然碎片化，缺乏系统性。目前，我国高校英语课程体系内，有单独开设的跨文化交际课程，但对语言学习的关注不够；也有涉猎跨文化交际内容的英语技能课，但将英语技能与跨文化交际技能有机融合的课堂教学实践却不多。联合国教科文组织颁布的《跨文化教育指南》明确指出跨文化教育不是一门独立的、新增加的学校课程，它的理念应该融入学校的教育体制和各门课程的教学，尤其是英语教学在其中发挥着非常重要的作用。有鉴于此，高校英语课堂作为培养跨文化交际能力的重要场所，践行跨文化交际能力培养目标的一条切实有效途径就是将跨文化交际有机融入高校英语教学，通过设计、实施、检验有针对性的教学目标和任务，实现学生语言能力和跨文化交际能力的同步发展。

二、跨文化交际能力与高校英语教学融合的原则

跨文化交际能力与高校英语教学融合应当遵循以下的原则：相关性原则，跨文化交际的目的是提升学生的英语能力，尤其是提升其英语交际能力，因此相关的培养工作都应当将教材内容和日常交际衔接在一起，激发学生学习语言和文化的兴趣，在实景教学中提高学生的文化内涵；适度性原则，高校英语教学任务开展应当重视学生的学习能力，保持跨文化交际的适度性，增强英语交际的针对性，避免由于教学难度过高引起学生的抵触情绪；综合性原则，跨文化交际能力涉及多学科的内容，这就需要学生完成学科间的穿插学习，把所学的知识和英语结合在一起，完成各类知识归纳总结；实践性原则，在英语教学跨文化交际过程中教师要引导学生把英语应用到实践中，在实践中提升学生的英语应用能力，跨文化交际不能仅仅从书本中学习知识，更应当融入真实场景中，在动态真实的背景

下获得体验和训练；系统性原则，跨文化交际的融合要保持连续的动态过程，有层次有系统地开展教学工作，减少教学随意性，提高跨文化交际的针对性。

三、跨文化交际能力培养与高校英语教学融合的行动反思

（一）教学计划及行动

教学实验所采用的课文是《现代大学英语》第四册中的某一单元：The Telephone。共用5课时，为期一周。该课讲述了作者童年时代在黎巴嫩边远地区的生活状况及童年乐趣，后来由于安装了电话，村民们的生活发生了变化，纷纷离家去外面的世界寻找更好的生活。以此为内容基础设计了6个教学事件，其中教学事件1布置了两个"产出型"跨文化任务，体现少而精的理念，具有实操性，接近学生的生活体验。教学事件2（童年轶事）和教学事件3（村庄变迁）为完成"产出型"跨文化任务做内容与语言上的铺垫，同时集"发现""对比"和"分析"的跨文化技能训练于一体。教学事件4~6是对教学事件1的任务实施、评估和总结。

教学事件2和3是课堂教学主要内容。这两部分的操作模式是：采用师生互动的形式，通过教师引导性、支架性的提问，由发现异域文化的新现象开始，到民族文化异同的对比，再到原因的分析，以及对该现象的评价，逐步深入。对课文、难句、词汇的理解以及语言的学习融入跨文化的讨论过程中，跨文化目标与语言目标同步进行，相互促进。

（二）教学观察及反思

此次教学实验，较为成功地实现了语言教学目标与跨文化目标的融合。通过设计基于文本的产出型跨文化任务，将课文理解、语言理解和使用，以及跨文化技能的训练深度融合。学生能够在跨文化语境中获得对词汇的认识，并通过师生互动，从自身和作者视角探讨特定的文化现象，最终达到对文章深层次的理解。例如，在教学事件3中，学生发现了对方文化中的新现象：一个相貌丑陋、行为粗犷的女子是全村男人聚集的中心。对于其背后的文化原因，大家讨论激烈，猜测该女子之所以受到欢迎是因为她善于倾听，能提供建议；因为她大方，提供免费饮料和服务；也有学生表示不能理解等。最后有学生提出这个女子存在的象征意义：男人需要一个谈论政治、显示自身重要性的场所。同时联想到现代社会，该场所与咖啡厅的相似之处，从而更加清楚类似的社会性聚集对于个人维持其社会地位、保持其精神面貌的重要意义。这个教学片段，从跨文化对比开始，师生之间不断探究文化现象背后的原因，加深了学生对作者文化的理解和对自我文化的反思。与此同时，

师生在进行以跨文化为主题的讨论过程中，详细讨论了 confessor 的词义和使用语境；促使学生利用课文中的词汇，描述了文中女子的样貌举止（如 jet-black hair、raspy voice 等），通过回答问题，学生积极寻找课文中与该女子相关的信息点（entertain、kept the men out of their hair、talk sense to those men 等），并进行复述和概括。在这个过程中，学生不仅得到了跨文化技能的训练，而且增加了对语言及其文化内涵的理解。

学生在"产出型"写作任务中不仅体现了跨文化的意识，也能够主动利用原文的信息和语言点，体现了较好的语言教学效果。给文中作者介绍自己的童年时，大多数学生能够将自己的故事与作者的童年进行一定的关联；积极反思自己的童年，并呼应作者的感受；恰当使用原文中的词汇来描述自己的童年经历或感受学生给自己的祖父母写信介绍作者的童年时，能够充分交代作者所在地区的地理、经济和生活状况；能够挑选原文中合适的语言表达来介绍当地的事件。学生在完成写作任务基本要求的基础上，分析了不同时代儿童乐趣异同的原因，体现了学生对对方文化的共情、开放的态度，以及对自己文化更为深刻的认识与反思。

（三）结论及启示

可以通过"产出型语言文化融合式教学模式"实现英语课堂中跨文化与英语教学的结合。该模式由"目标设定—任务设置—任务实施—任务评估与反思"四部分组成，每部分融合了英语教学和跨文化能力培养的基本步骤和程序，体现了对课程目标、任务和评估的革新。

在目标设定上，跨文化目标与语言目标的融合是教学的起点和指挥棒。许多高校英语课堂视跨文化为语言教学目标之外"多出来"的内容。但我们的行动研究发现，以相对完整的课堂内容为基础，以某一具体的跨文化技能为目标，有选择地进行语言教学，学生能够提升对目标语言本身及其语境的敏感度，并在高校英语语言教学与跨文化能力培养研究输出中主动使用。

在教学任务的设计上，要能够以少而精的产出型任务为驱动，促使学生在体验跨文化的过程中，主动学习所需的跨文化技能，提升语言应用能力。任务的主题紧紧依托课程内容，充分考虑学生的认知和体验，增加任务的可操作性。任务中的跨文化技能训练和语言训练应形成组合：跨文化以相关的文本内容和语言学习为基础，反过来，跨文化任务的实施过程也促进了语言的学习和使用。任务的实施途径可以是角色扮演、课堂讨论、故事续写等，递进式地训练学生发现、对比、分析的跨文化技能以及相关的语言技能。任务的难度视学情而定，每一项任务可以体现一两点跨文化交际教学原则。

形成性的任务评估与反思是课堂教学效果的保障。评估与反思相伴发生，贯穿教学始终，不断完善下步教学，如即时的互动形成评估、对学生表现的观察和记录、学生作业、学生互评等形式都会促进师生对融合的课堂过程和课堂效果进行反思，以改善下一步教学。跨文化和语言教学的有机融合尚属探索阶段，教学过程中的课堂观察、课堂录音或录像、师生反思、课堂教学核查表等基本课堂数据的收集与分析尤其必要。

跨文化交际与高校英语教学的融合，一方面能够为充满危机的传统高校英语课堂注入活力，实现英语教学的人文性目标；另一方面，英语教学为大学生的跨文化能力培养提供主观认识和亲身体验的环境，其学科属性使其成为实施跨文化教育最有效的阵地。这里通过两轮行动研究，探索了一条较为可行的将跨文化融入技能课的教学路径，在提高学生英语应用能力的同时，也提高学生的跨文化技能，增强跨文化意识，为进一步探索、提高融合跨文化与高校英语教学的研究和实践提供新思路。

第三节　跨文化交际教学中教师身份的重构与跨文化意识的提高

一、身份的要义

身份首要解决"我是谁"这个问题，只有清楚了自己是谁，才能采取相应的交际策略与他者互动，因此了解自身和对方的身份是互动的起点，更是跨文化互动的起点。高校英语教师也与其他任何互动的双方一样，需要自审"我是谁"，而且因其特殊的职业角色，其身份构成更为复杂。

总的来说，身份是社会学术语中的主要词语之一，常出现在社会学互动理论中。社会学的互动论视角更注重社会的微观方面，主要考察人们在日常生活中如何交往，又如何使这种交往产生实质性意义。社会学互动理论认为，在某种意义上，社会结构最终是由行为体的行为和互动所构成和保持的，因而互动论致力于发现人际互动的基本过程。亚历山大·温特的建构主义理论便是建立在互动理论基础上的。温特认为互动双方——自我与他者的身份是在互动中建构的，他将身份定义为"有意图行为体的属性，它可以产生动机和行为特征"。显然，身份作为交际者的属性并非静止的，它在确立后也会随着互动的发展而不断调整变化。这说明，身份是动态的，可以在互动中建构，是随着互动进程的发展而发展变化的，更确切地讲，互动的结构中形成的共有观念使双方的身份得到进化。共有观念是温特建构主义的核心词汇，在建构中起到至关重要的作用，而共有观念即文化。由此可见，互动中的文化与互动者身份之间存在建构关系。

此外，一个行为体的身份是"多重的有机结合的复合物"。行为体的多样身份并不孤立存在，而是以情境（situation）为基础结合起来。情境不同，行为体的身份也会不同。为简化起见，特纳将身份分为三类，即作为人的身份（human identity）、社会身份（social identity）及个性身份（personal identity）。其中行为体的社会身份表明其社会团体的归属，如民族、职业、年龄、家乡等。显然，社会性与文化是不可分割的，社会属性为行为体身份打下深深的文化烙印。在跨文化交际中，社会身份自然是重点研究的对象。

如上所述，情境不同，行为体的身份亦不同。一个行为体的身份是多重的、复杂的，根据不同的情境，行为体会自然选择不同的身份与他者互动。例如，在教室这一情境中，某人可能是教师，但同一个人在家庭中，其身份可能是母亲、妻子等。

总之，一个行为体的身份是在互动的过程中形成的，它是多重的，而且不是一成不变的，会随着互动的发展而发展变化，是个不断建构的概念。其建构的来源是互动结构中不断形成的新的共有观念，即文化。情境对互动者在交际过程中选择何种身份起决定性作用。

二、教师的身份建构

首先，需要说明的是，为了避免过于复杂而影响重点，可将高校英语教师当作一个文化主体进行分析，也就是说需要探讨高校英语教师作为一个文化群体的身份特点。当然，需要注意的是，不同的个性特点对高校英语教师的身份建构也具有重要影响。

身份是交际者在互动过程中形成的，互动中形成的共有知识又与交际者形成建构关系，促使其身份不断变化、发展。教学活动也是一种交际过程，在这一过程中教师明显与学生形成互动关系。但是，在英语教师的教学活动中还存在一个交际对象，对教师的身份建构起到重要作用。这个交际对象就是教学材料，与文本的交流是种特殊的交流形式，是单向式交流过程。读者不断与文本互动，从文本中获得新的观念、知识。美国华裔心理学家丁托米认为身份就是指一个人经过反思形成的自我概念（self-conception）或自我形象（self-image）。而在与文本的交流中，读者从文本获取的新的观念、知识反过来作用在读者身上，使其不断自省、反思，形成读者的身份，使其原有的身份得以发展。高校英语教师在与文本的互动过程中，其身份也如其他读者一样，存在重新建构的可能性。此外，由于其所交流的文本的特殊性，高校英语教师面临特殊的身份建构过程。高校英语教师一般母语为汉语，但其交流的文本却是英语，这使得教师与文本的交流过程变为跨文化交际的过程，教师身份面临跨文化的发展建构。

一般而言，当个体处于新的文化环境中，会在情感、认知、行为等层面发生复杂的身份的变化，如丁托米在阐述个体身份改变时提到的那样——个体在保持自身文化传统的同时，也经历了发展变化，从认知、情感和行为层面与社会融合，形成其有机整体的一部分。简单地说，个体与新文化接触经历一般有蜜月期、文化休克期、调整期及文化适应期等几个阶段。理想的状态是，个体在对新文化的知识积累中，在交际动机的激励下，依次经过不同阶段，直至文化适应期阶段。在这个阶段，个体不仅内化了新的文化知识，如新的价值观、标准等，而且发展了新的文化身份。经历了跨文化交际，获得新的文化身份的个体，能够"运用多重维度的思考方式、更为丰富的情感智慧及多样的角度去解决问题"。实际上，这种积极的身份建构过程也是跨文化意识的提高过程。因此，在跨文化活动中，个体身份的建构与跨文化意识的提高有直接关系。

但是，高校英语教师面对的教学资料，如文本是否可以构成文化环境呢？众所周知，语言是文化的重要组成部分，是文化的重要载体和表现形式。而用于高校英语教学的文本由于其本身的特色，使得这些文字本身构成由文字形成的文化社会环境。高校英语教师的教学对象是非英语专业学生。高校英语教材在帮助学生学习语言知识的同时，也试图给学生呈现纷繁复杂的现实社会，以使学生了解语言是如何在真实的社会、文化环境中使用的。

此外，以话题为主线进行单元设置使学生有机会了解英美社会的方方面面，而且在内容难度设置上符合大学生的认知特点，利用文字对社会、文化深入挖掘，触及文化体系及价值观。虽然各个领域的研究者们对文化做出了纷繁复杂的表述，但我们发现文化大致可由表象到本质、由具体到抽象分为三个层次。最表层的是物质文化，如上述某些概念中提到的艺术、技艺、绘画、建筑、礼仪、器物文化等；更内层的是制度文化，包括政治制度、经济制度、社会制度和法律制度等；最深层的是思想、信仰和道德等，其核心便是文化价值观。霍夫斯蒂德在《跨文化之重》中指出"文化为'心智的集体程序'，是特定群体所共享的程序，它不仅体现在价值观上，而且会在更为表象化的事物（如象征、英雄、礼仪等）上显现出来。文化根植于人类各主要群体的价值观体系之中，并且在各自发展的历史过程中得以不断巩固。"中国学者胡文仲也指出"价值观是文化的核心，可以根据不同的价值观念区分不同的文化。"因此，尽管文化的表象是多样的，但其核心是价值观。价值观是文化的深层内涵，是一种文化的沉淀，对某一类文化群体起着长久的、潜移默化的影响，并最终导致特定行为和手段的产生。显然，高校英语教材的文本构成了由文字组成的人文社会，提供了文化环境。个体在与文本的交流中，不仅可以较全面地感知新文化环境，更能够便捷地进入新文化的价值观层面去认识、了解新文化的核心。当然，其他教学资料，如影视图像等以更直观的方式呈现了另一种文化的方方面面，其模拟现实的表现方式可帮助个体更感性地了解新文化环境。

三、教师的身份重建与跨文化意识的提高

英语教师在教学过程中身份的重建与跨文化意识的提高有必然联系。面对新文化环境时，个体一般会经历若干阶段。不同的文化学者绘制不同的阶段，但在他们的描述中，基本都有一个共同的阶段，即文化休克期。在这一阶段，个体在新文化环境里不仅感到沮丧，而且严重的会产生器质性疾病。个体一旦成功跨越这一阶段，不仅会内化新的文化知识，如新的价值观、标准等，而且会发展新文化身份，因此跨越的过程也是跨文化意识提高的过程。对于高校英语教师而言，虽然其并未生活在真实的新文化环境中，但在与新文化文本、音视频材料接触的过程中，也会面临无法理解、欣赏新文化知识等问题，这些问题产生的根源与文化休克产生的原因极为相似。

根据霍夫斯蒂德的观点，跨文化接触不会自动带来相互的理解。我们的头脑（心智软件）蕴含基本的价值观。这些价值观因在早年生活中习得，故变得如此自然，以无意识状态存在于我们的大脑中。在与新文化的接触中，这些价值观会成为我们评判新文化的依据。因此受自身文化的影响，我们会在一个与原来文化不同的环境中感到压力、无助。显然，个体负面情绪产生的原因是无法理解新文化并对新文化认同。英语教师处于由文本等新文化知识构成的情境中，也会不自觉地以自己的传统价值观评判新文化，而出现对新文化无法理解、不能认同等问题。其后果反映在教学活动中便是对新文化知识潦草处理或干脆省略，不做处理，使学生失去了深入了解新文化的机会。因此，理解传统文化和新文化间的不同之处，客观理解新文化，不仅能够帮助教师内化新的文化知识，丰富、重建自身的文化身份，而且这个过程也是自身跨文化意识的提高过程。最终，通过教师有意识的引导，这种提高会反馈在学生的英语学习中。

对于英语教师而言，如何才能尽量减少自身传统价值观的影响，客观理解新文化呢？简单而言，我们可以在心理上养成时刻留意的习惯，在心智上积极扩充关于新文化的知识并在行动上运用相关的技巧。

心理上养成时刻留意的习惯是应对的基础和起点。心理上的时刻留意也意味着时刻警觉，其实质是要求英语教师保持对文化的心理敏感度。教师也如其他生活在本族文化情境下的个体一样，深刻地受到本族文化的影响，自然形成某种文化价值观。但这种价值观基本是隐性存在于个体头脑中，对人们的认知、评判及行动产生潜移默化的影响。因此，个

体需要时刻提醒自己，感知本族文化情境并深入挖掘本族文化嵌入个体头脑中的那些以无意识状态存在的知识。作为传授新文化语言和文化知识的教师更应比普通个体保持警觉，时刻注意内省、体验本族文化给自己带来的影响，并深入挖掘潜藏在心智深处的文化知识，努力将潜意识的本族文化知识上升到意识层面来分析。

时刻留意的态度也意味着对新文化不同之处的留意。但这种留意是不带有任何感情色彩的，即对新文化的不同之处努力采取客观看待的态度，而不急于做快速的评判，避免文化中心主义对我们的影响。文化中心主义是个体与新文化接触后自然发生的一种情感。个体对新文化很难保持客观的态度，人类对与己不同的文化具有一种优越感，这是人类的自然趋向性。在此基础上形成的文化中心主义认为自己的文化是所有文化的中心，自己的文化高人一等。文化中心主义就像一扇窗，本族文化就以自己的角度从这扇窗往外看，以此感受、了解并评判其他所有文化，导致对其他文化的主观评价。显然，文化中心主义会使我们对新文化的认识产生偏见，阻碍我们对新文化的理解和交流，有碍跨文化意识的提高。但因其是人类自然的天性，避免起来有相当难度。因此，英语教师更要时刻保持留意警觉的态度，观察自己面对新文化文本及语境时，是否受到文化中心主义的干扰，在教学中情不自禁地表现出对自己文化的扬和对新文化的抑。努力客观地将新文化知识传授给学生，减少主观评论带来的对新文化的曲解和误解。教师对自我有意识的监控和调整过程，实际上也是自我文化身份进行调整和重建的过程，也是跨文化意识提高的过程。

在时刻留意、保持警觉态度的基础上，个体还应不断掌握、积累关于新文化的知识。有时因为知识储备不足，教师很可能忽略或放弃对教材中某些有文化内涵的语言现象做深入挖掘，也使学生丢失了学习的机会。在心理上留意和知识积累的基础上，在真实生活环境中，个体还可以通过有意识地实践来更好地理解新文化，如学习理解新文化中各种符号、象征、认识新文化中的英雄及实践新文化仪式等。但对于英语教学而言，除了在教学中有意识地介绍、解读并理解新文化中的象征、符号、英雄及文化仪式等，我们更要将具体的实践形式转变为运用某些学习技能提高对新文化的理解力。

比较和对比是行之有效的方法。将本族文化和新文化进行对比，找出相同点和不同点并进行分析，能够清晰、明确地了解文化差异，有助于对新文化的理解。当然，对于英语教师而言，找出相同点和不同点只是第一步，重要的是能够透过现象看到文化的本质。通过相同点，我们可了解文化的共同性，而通过不同点，我们更需要直击文化内核，能够从价值观层面来解释，以便更深入地理解和把握新文化。比如，涉及中西方文化不同的现象时，我们一般可从集体主义和个体主义的文化维度进行解释。这个维度是跨文化交际学中最基本的文化维度之一，反映了中西不同文化的价值观。在具体的教学活动中，英语教师可通过教材提供的文本案例，先帮助学生归纳出中西文化相同点和不同点，而后进行进一步分析，找出不同之处的根源所在，引导学生从集体主义和个体主义价值观的高度来讨论现象的不同。这样的教学要求教师自身的素质提高，建构自己的文化理论高度，并重新以新的视野审视教学素材。其结果不言而喻，在这一过程中，其获得的理论知识提供给教师进行比较分析的新角度、新内涵，有力地帮助了教师身份的建构，并使教师的跨文化意识得到提高。

写反思日志也是很好的方法。反思日志能够提高教师的教学反思能力。美国学者波斯纳认为，反思可以帮助教师成长。他提出了教师成长公式，即"教师的成长＝经验＋反思"。没有反思的经验是狭隘的经验，至多只能形成肤浅的知识。只有经过反思，教师的经验方能上升到一定的高度，并对后继行为产生影响。可见，只有经过反思，教师才能使原有的经验不断地得到提升，每天都在教学中成长进步。通过教学反思，教师每天都会有新的发现、获得新的启发，帮助他们走出封闭，超越自我。当然，对于英语教师而言，通过思考和学习，其对英语语言和文化的洞察和理解通过语言的形式反馈出来，成为自己跨文化方面新的体验和经历。这种自觉的、有意识的做法，有效地帮助了英语教师跨文化意识的提高，同时也实现了其身份的重建。

总之，从事英语教学的教师与教学材料的接触过程也是一种跨文化交际过程，在这一过程中教师的身份会随着对教学材料的认识、理解而得到建构。在建构过程中，英语教师同样会面临与在新文化环境中生活的跨文化者相似的跨文化体验阶段，其中最为重要的阶段是文化休克阶段。虽然语言教师面临的文化休克的表现形式与在真实环境中生活的人们表现有所不同，但其形成原因极为相像，都是源于交际者自身的文化价值观。这种价值观基本是隐性存在于个体头脑中，对人们的认知、评判及行动产生潜移默化的影响。在教学活动中，教师如果能够采用积极有效的策略应对自身价值观的影响，不仅能够成功地克服文化休克，提高自身的跨文化意识，以新视野、新角度重新定位自身，而且还能够有意识地、有针对性地对学生的英语学习予以高效指导，帮助学生顺利地进行语言、文化的学习。

第三章 跨文化交际视角下的大学英语教学

第一节 跨文化交际视角下的大学英语词汇和语法教学

一、跨文化交际视角下的大学英语词汇教学

（一）文化对大学英语词汇教学的影响

词汇的学习贯穿于英语这门语言学习的始终，并且词汇教学也是英语语言技能教学非常重要的环节之一。在实际的跨文化交际过程中，词汇也是不可或缺的重要因素之一。从跨文化交际的视角对大学英语词汇教学改革进行探讨意义重大。

近年来，在大学英语词汇教学实践中，词汇教学中文化因素的构成问题一直以来都是诸多大学英语教育工作者密切关注的话题。依照当前学术界广泛认可的分类，在大学英语词汇教学中，文化对其的影响主要有以下三个方面的具体体现。

其一，词汇中会经常涉及一些英语国家的历史、地理、人名、地名、社会状况、经济状况以及文化等。

其二，词汇本身的文化内涵，主要包括以下几个方面：①词汇所指代的范畴；②词汇的情感色彩；③词汇的联想意义；④一些文化背景比较丰富的成语、谚语等；⑤惯用语的具体运用等。

其三，词汇中经常会包括一些中西方思维习惯和价值观念方面的差异。例如，人生观、世界观、人际关系、道德准则以及语言表达方式等方面的内容。

（二）大学英语词汇教学的特点

1. 词汇教学的基础性

词汇教学作为语言教学的基础环节，学生只有掌握了一定量的词汇，才能更好地为语

言学习中的各项技能奠定坚实的基础，并更好地服务于听、说、读、写等各个方面语言能力的提升。这些都很好地体现了词汇教学的基础性特点。

2. 词汇教学的丰富性

从大学阶段来看，英语词汇教学内容十分丰富，涉及单词的词性、释义、习惯用法和搭配、文化内涵以及语用等。相应地，在进行词汇教学的过程中，也不能仅仅停留在词汇表层，应着眼于词汇的丰富性这一特点，向大学生传授多元、丰富的词汇运用知识和技能，并使词汇的基础性作用得以真正、有效地发挥。

3. 词汇教学的艰巨性

就大学阶段非英语专业的学生来看，其英语课仅仅只有每周 4 节，每节 50 分钟，在课时非常有限的情况下，英语课的内容却要面面俱到，通常要涉及口语教学、阅读教学、写作教学以及听力教学等。相应地，分配到词汇教学上的时间也就会比较少，大学英语教师要想在课时有限的情况下让学生对大量词汇有比较充分的理解，任务就非常艰巨。

4. 词汇教学的文化性

具有丰富的文化内涵是词汇的一大特点，对一门语言的词汇进行教授其实也就是教授该门语言的文化。这就无形中决定了大学英语词汇教学具有文化性这一特点。因而，教师在具体的词汇教学实践中，不仅应强化词汇教学中的文化渗透，还应对教材中英语词汇的文化内涵进行充分、有效的挖掘。增强词汇教学中的跨文化意识，有意识地向学生传授英语国家的地理、政治、历史、风土人情等文化知识，学习英语国家的诗歌、游戏、谜语等，让学生对中西文化的思维习惯、价值观念有更深刻的理解和体会，从而能够得体、准确地运用英语词汇进行跨文化交际。

（三）跨文化交际视角下大学英语词汇教学的原则

1. 直观性原则

在进行词汇教学时，坚持直观性原则就是要求借助一些直观性的辅助手段，如图画、实物、幻灯片和多媒体课件等，来形象、直观地展示词汇的意义，使学生能够将实物同词汇联系起来，从而加深印象，使词汇学习和记忆的效果得到提升。这对激发学生的学习兴趣也非常有帮助。

2. 语境性原则

词汇的教学应密切关注语境，坚持语境性原则，不能脱离语境孤立地教词汇。因为词汇本身通常也是在特定的语境中才有意义，如果离开语境教学就很难确定词汇的具体含义。英国著名的语言学家弗斯（J. R. Firth）曾经如此说道："由词之结伴可知其词义。"词汇教学不仅仅指的是单词教学，更为重要的是讲授单词在具体语境中的用法，因而通常需要教师结合句子或课文来讲授单词，以帮助学生更好地借助语境来理解词义，同时还能让学生在听、说、读、写各项活动中深化对词汇的理解。

3. 文化性原则

在词汇教学的过程中，还应密切关注文化问题，不能单纯地就词汇教词汇，语言的学习就是文化的学习，两者间关系密切。在跨文化视角下的大学英语词汇教学中，坚持文化性原则也要求教师尽可能地对词汇的文化因素和特征进行说明和解释，并加强中英文词汇的跨文化对比和比较，借此来帮助学生较好地理解词汇的含义，同时也能更好地提升学生的跨文化意识。

（四）跨文化交际视角下大学英语词汇教学的方法

1. 广泛阅读法

英语词汇的学习绝对不能单纯地局限在英语课堂内，通常可采取广泛阅读的方法来让学生更好地学习英语词汇。具体而言，采取广泛阅读的方法进行词汇教学时，大学英语教师通常可扮演导入者的角色，合理地导入西方文化，向学生推荐并介绍与西方历史文化等相关的书目、电视节目以及报刊等，引导并鼓励学生进行广泛的英语阅读。这样一来，不仅能使学生的课外阅读量增加，同时也能使学生的知识面得到扩大，并能够增加对英语文化的认知和了解。

2. 集中分散法

集中分散法也是跨文化交际视角下进行词汇教学最为普遍的一种方法。这种方法具体指的是在进行词汇教学中实行集中速成记忆和分散巩固使用。之所以进行集中速成记忆，主要是为了增强词汇的系统性，以更充分地发挥智力因素的作用。但是，集中速成记忆通常学习强度比较大，能够较为迅速地提升非智力因素修养。在进行集中教学后，就要采取分散巩固的措施，具体指的是将集中成组的词分散在词组、句子以及文章中去，进行听、说、读、写等各项技能的训练，能真正地将知识转化成技能，这样也更加有利于将词汇记忆由短暂性的过渡到长久性的。当然，从形式层面也可以说，分散是指将词汇教学由之前的集中在词汇课而分散到其他课和环节中。

这种集中识词的方法充分借助构词知识、语义网络等系统可以较好地规避孤立地学习词汇所造成的缺陷，科学、合理地对语言使用的教学过程进行安排，这样有利于充分、有效地调动学生的积极性，并且能够使已经识记的词汇得到更好的复习、运用，进而使这些词汇能够真正地牢固保持在记忆系统中。

3. 文化融入法

以跨文化交际为视角展开词汇教学时，不应单纯地停留在词汇层面，仅就词汇本身对词汇进行讨论，而应将视角放宽，从更宏观的角度对词汇教学进行思考，能够认清词汇教学的本身其实就是目的语的教学。教授词汇其实也就是教授文化、交际、思考、学习以及语言等。如果以这样的思维进行考虑，就使词汇教学更具灵活性，并在词汇教学时更为关注词汇的文化背景。更进一步说，词义的问题通常就是文化的问题和思维方式的问题。在具体教授词汇时，还应从文化层面给予学生有效的引导，应引导学生从意义到文化、从文化到思维。只有这样，才能更加便于学生对词义的演变规律进行掌握，也能更好地激发学生对词汇学习的兴趣。因此，在词汇教学中，教师与其费力地对具体词的多义性进行讲解，还不如教授学生着眼于文化、思维这两个角度对词义转化的可能性进行推测。除此之外，教师还应重视词汇语用信息的呈现，对词汇意义中的文体意义、内涵意义以及情感意义这几大方面的语用信息给予充分的重视，将这几大信息视为语言交际运用的关键因素，密切关注词汇在使用过程中的得体性，如果用错，极有可能导致交际的失败。

4. 联想教学法

联想教学法也是大学英语词汇教学使用得最频繁的一种方法。具体而言，就是在词汇教学的过程中通过建立有效的联想来帮助学生学习词汇。例如，可借助学生比较熟悉的事物或例子来有效地引导学生进行词汇联想或者可以联想同英语国家的习俗和文化习惯相关的内容来帮助学生学习词汇。

5. 语言材料创新同文化内容融合法

以跨文化交际为视角展开大学英语词汇教学时，通常还可借助语言材料的创新同文化内容融合的方法。在具体的大学英语词汇教学实践中，要想较好地让学生掌握相关的词汇文化知识，通常需要依托于语言材料。只有同语言材料相结合，才能更好地掌握词汇的内涵和意义等。从语言材料本身来看，大多是有关历史事实、目标语文化习俗、词语典故等方面的介绍。在长期的教学实践中，有一部分语言材料被反复利用，致使学生在具体学习的过程中感觉枯燥乏味。为了更有效地激发学生的思维和学习兴趣，教师需要对语言材料进行适时的开发和创新，借此来提高学生对文化差异的敏感性并着重培养学生的跨文化意识。例如，教师可在实际的词汇教学实践中借助故事所创作的情境来辅助英语词汇教学，当然，也可以通过看电影、看录像、举办专题讲座等方式辅助词汇教学。如此一来，就能让学生在听故事的同时理解、学习甚至应用单词，同时还能使文化知识在生动、有趣的故事中得到强化。

总之，以跨文化交际为视角展开词汇教学，通常应对词汇背后的文化给予密切的关注。这些丰富的文化通常涉及多个方面，要想能够引导学生熟练地输出，应先对英语的文化有比较深入的了解，了解英语国家的思维习惯和语言习惯。学习者在英语学习时应重点培养自己的跨语言文化思维。这也与词汇教学的目标即在教授词汇的同时向学习者渗透文化对英语学习的影响高度一致。

二、跨文化交际视角下的大学英语语法教学

我国大学英语语法教学也有其本身固有的特殊性，先有之前的过分受到重视，再到随后的被忽视进而转到目前教学实践中的有限回归，历经了漫长而曲折的发展过程。在此期间，由于人们对大学英语语法教学的地位、作用等并没有科学、充分的认识，进而导致目前的大学英语语法教学存在着诸多方面的问题，如对大学英语语法定位的欠科学、语法教学方法亟须改进以及教育教学所产生的诸多负面影响等。基于此，从更科学的视角对大学英语语法教学改革进行探讨意义重大，以下主要探讨跨文化交际视角下的大学英语语法教学的相关内容。

（一）文化对大学英语语法教学的影响

1. 社交文化差异对大学英语语法教学的影响

不同民族往往在社交文化上存在着诸多差异，这些差异在大学英语语法教学中有所体现。例如，最为常见的熟人日常见面寒暄时，不同文化下的人们通常有着不同的思维习惯和表达。汉语文化下的人们经常会问"吃了吗""上班呀"，但是如果遇到西方朋友，打招呼时如果进行机械地转换并表述为"Have you had your meal？"或"Where are you going？"则会被认为是对别人私事的干涉。针对这些在社交礼仪方面存在的文化差异，在进行跨文化交际视角下的语法教学中，都应给予充分的关注和重视，否则，极易导致交际障碍的出现。

2. 思维方式差异对大学英语语法教学的影响

思维同语言间存在着密切的关系，由于中西方文化下人们思维方式的不同，就同一主题的表达方式也往往存在着诸多不同。这种思维方式的差异对语法学习的影响是显而易见的。语言学习者在学习第二语言的过程中都不可避免地会受到母语的影响。这种母语思维

的影响渗透到词汇、句法、语篇、语体等各个层面，具有全方位性和多侧面性，其对语法方面的影响也非常明显。例如，有很多学生在初学语言时通常会受到汉语的影响而写出一些汉语思维的英语句子。

（二）大学英语语法教学的趋势和维度

1. 语法教学的趋势

基于以往的实践不难发现，在对大学英语语法教学进行实践的过程中也曾经因为认识偏差或对形势没有把握清楚而出现失误。因而，明确目前语法教学的新趋势非常必要和迫切，这样有利于找出并采取与大学生语法学习相契合的学习方式，更有效地调动大学生的学习热情，提高语法课堂教学的效果。

我国学者郝兴跃在综述 20 世纪 90 年代以来国外语法教学新趋势的基础上，对当前英语语法教学的新趋势进行了如下归纳，即应将明示性语法教学同暗示性语法教学结合在一起进行教学。具体有以下五方面的体现。

其一，应将传统意义上的语法教学让位给具有交际性的语法教学。

其二，语法教学意义的语境化。

其三，应将语法教学同其他语言技能的学习有机地融合起来，也就是说，不能单纯地为了教语法而教语法。

其四，应在语法教学中将归纳法和演绎法有机地结合起来。

其五，在语法教学中也应融入以学生为中心的思想理念。

通过分析上述的这几大方面，不难发现，新趋势下的语法教学要求我们应一改传统意义上语法教学的做法，在教学实践中更加注重语法教学的实践性、趣味性和语法教学的价值。并且能够将语法教学同大学生的知识状况、身体发展情况以及各个专业需求情况密切结合起来。以跨文化交际为视角对语法教学进行探讨就是一项符合语法教学新形势的教学尝试。

2. 语法教学的维度

在长时间的外语教学的历史进程中，语法教学的维度也一直处于动态的变革发展过程中。这些语法教学维度的变化不仅很好地反映了人们对外语教学方式实用性的极力追求，而且还很好地反映了人们对外语教学本质认识的逐渐深化。最为明显的两个维度要数单维时期和三维时期。

(1) 单维时期

在语法教学的单维时期，人们普遍认为早期的外语教学方法为语法翻译法，语法教学的实用性主要有以下方面的体现。语法形式非常简约，教师在进行语法教学时通常都是用母语进行解释，并认为这种方式非常便于学生理解。这种单维时期的语法教学同后来出现的结构主义语法教学也有着诸多共同点，即都是以句子为基础而进行的教学，这两者都对句子的线性组合形式给予了密切的关注，所涉及的意义基本上也都是词汇和句子本身的意义，对意义进行的分析和理解通常都是单维度的并且是平面的。

(2) 三维时期

随着语法理论的发展，尤其是系统功能语法与认知语法的发展，人们对外语教学的本质也有了更加深入的认识。很多相关学者就语法教学的三维时期提出了自己独到的见解和认识。

然而，假如是在没有语境的句子层面进行教学，如此形式的语法教学对二语学习者的听、说、读、写等各项技能都是没有太大意义的。

从事实来看，在探讨语法意义的认知理解与对语法教学形式和意义相结合的维度这一方面，斯威彻尔与乔治·尤尔等学者都进行过相对比较细致、深入的工作。斯威彻尔着眼于语源学和语用学这两个角度，对语义结构的隐喻和文化内涵进行了具体的论述。他将英语中比较难把握的词类置于特定的语法项目中，并从认识的视角对其进行了系统的、具有信服力的分析，具体涉及知觉动词的多种意义、情态词的词义变化、连接词与条件句的多项意义差别等。

乔治·尤尔认为，语法是形式、意义和用法的结合体，为了更加便于教学，他将语法结构视为一种具有内在规律性的、大家广为认可的表达概念意义的手段，并运用多种理论如语用学、语义学以及语篇分析等对特定的语法形式所传达的意义特征进行阐述。乔治·尤尔的一些基于传统语法项目的认知语义理解和分析虽然带有非常明显的依照功能进行分类的色彩，如所分析的条件句，但他同时也对不同意义域的不同作用给予了密切的关注，如他所分析的情态词。

(三) 大学英语语法教学的目标

大学英语语法教学的目标是一个层层推进、由低到高、由简单到复杂的过程。因此，大学英语语法教学的目标可以大致分为初级阶段目标和高级阶段目标。初级阶段目标称为"知"，高级阶段目标称为"能"。在初级阶段目标和高级阶段目标之间存在一个过渡阶段，即"练"。

"知"是指要掌握英语语法知识，了解语法内容，知道语法规则，这是初级阶段的语法教学目标。"能"是指能够在语言活动中根据特定的语境正确运用语法规则来准确表达其所要表达的语义，这是语法教学目标的高级阶段。"练"是由"知"向"能"过渡的阶段。从严格意义上讲，"练"并不是语法教学的目标，而是一个由"知"向"能"转化的过程。在"练"的阶段，学生对有些语法规则点的"知"正逐步转化或已经上升为"能"，而在另外一些点的"知"还没有上升为"能"。需要注意的是，一些上升为"能"的"知"并不太稳定，既有可能体现为"能"，还有可能体现为"不能"。要想达到"能"这一终极目标并不意味着首先要达到初级阶段目标。换言之，想要在语言活动中正确运用语法规则，并不一定必须首先掌握语法知识。但是，学习和掌握英语语法知识对很多外语学习者而言可能是实现高级目标"能"的最有效的一种途径。

事实上，大多数人在学习母语的过程中都能达到高级阶段的目标，但是却很少有人拥有一套系统的母语语法知识。这就说明，正确地应用语法规则并不意味着一定具备系统的语法知识。因而，交际学派认为"这种母语语言直觉的获得途径可以在外语学习中加以复制"。所以，交际学派主张语法教学应取消，外语语法规则可以通过语言交际活动自然习得，并最终达到正确运用语法规则的目的。而肖礼全认为，"母语语言直觉的获得途径在外语学习中无法复制，但是可以重建"。

由上述分析可知，掌握英语语法知识并不是英语语法教学的最终目标，它只是一个阶段性目标。将语法知识转化为在英语实践活动中有效运用的能力，是掌握英语语法知识的最终价值所在。

（四）跨文化交际视角下大学英语语法教学的原则

1. 实用性原则

实用性原则最为直接的体现就是在选择和处理语法教学项目上。针对第二语言学习者来看，下面的一些语法内容的教学价值更为明显。其一，一些最基本、最常用的语法内容。这些内容更具典型性、规范性和普遍性。其二，极易发生偏差和错误的语法内容。其三，语法项用法上的一些具体的适用条件和限制条件。实用性原则又被称为统领性原则，各个角度的实用性问题又在各项原则中有更具体的体现。

2. 针对性原则

（1）针对国别语种

针对国别语种具体包括以下两方面的内容：其一是语言特征的差异性；其二是文化在

语言中的渗透。一门语言同另外一门语言所表现出的具体差异，通常同其民族观察和认识世界的角度与特定的区分世界的范畴存在着密切的关系，并且会自然地在语法中渗透出来，并在语言的选择和搭配方面有所反映和体现。语言作为文化的载体，文化因素的渗透不仅会在词义内涵上有所体现，而且还会在语法的组合聚合关系上有所体现。因而，需要在具体的语法教学实践中进行有针对性的处理，并做到重点突出。

（2）针对语法要点

针对语法要点主要体现在以下两方面：其一，按照学习者的层次水平，对语法项目进行阶段性的处理，阶段不同，其所体现的教学要点通常也存在着一些差异。其二，结合不同阶段的教学要点，进行直接针对问题点的具体教学处理。例如，问题的要点、操练的模式以及偏误的类型等，应突出具体的语法教学要点。在备课时就要进行有针对性的分析和预测，如采取怎样的教学模式规避类似问题的发生。总之，应针对具体的用法将语法教学细化，精确语法教学的切入点，选好、选准导入和操练的角度。

（3）针对水平层次

水平和层次具体指的是学习者对语法知识的接受水平和理解程度。任何一项语法项目应用怎样的言辞表述、用怎样的方法进行传授、应讲解到何种程度，通常都要根据教学对象的特点具体确定。就初级阶段的语法教学来看，在语法教学内容上，更加适合以局部具体项为着眼点，不应进行过多的知识性的综合。操练方面应以点练习为主要形式。就中级阶段的语法教学来看，通常需要对一些局部的语法知识进行一定的整合，并辅助以少量的解释，能够让学习者知其所以然，同时可运用一些对比、比较来深化知识，但是，依然需要以练习为主体。从高级阶段的语法教学来看，通常应以提高、补充以及综合表达之类的语法教学为主，需要学习一些同语境关系比较密切的用法和句式，并讲解和对比一些预设、语境、篇章相关的词语，需要将已经学过的一些具体、单一、感性的语法知识进行整合，让学生对语法知识有更系统、更理性的认识和掌握。

3. 简化原则

简化原则就是在具体的语法教学实践中，将一些复杂、抽象、理性的语法内容和规则进行有条理的、简洁的、浅明的教学处理，使语言更加直白易懂、直观形象。这样一来，在进行语法教学讲解之后，学生不仅能理解得更加深刻，而且也能对语法知识运用得更加灵活。

4. 操练原则

操练原则具体指的是在开展语法教学的过程中应进行大量的句法形式、意义关系以及实际应用之类的操作性的训练。这一语法教学原则可以被视为对语法教学性质理念的最为实际和直观的检验。在具体操练的过程中，教师扮演着引导者的角色，旨在帮助学生来认识和理解一些语法现象、使用规则和规律等，从而更好地建立起语法的认知系统。当然，学生所进行的操练通常是在教师讲解的基础上，教师在讲解时应提纲挈领，抓住一些关键点来讲，讲授一些富有启发性、实用性比较强的语法内容；操练时应密切配合讲解点，从各个不同的角度、层次、语境以及侧面来进行多样化的实际性练习。

（五）跨文化交际视角下大学英语语法教学的方法

1. 演绎教学法

由于语法教学具有抽象性特点，因而运用演绎教学法进行语法教学非常普遍。这种教学法具体指的是运用一般的原理对个别性论断进行证明的方法。演绎法的具体运用过程其实就是由一般到特殊的过程。运用该方法进行语法教学时，教师可先简单地向学生提出抽象的语法概念。紧接着进行举例分析和说明，将这些具有抽象性特点的概念引用到具体的语言材料中，并借助大量的类似的练习材料来帮学生学会独立地运用这些语法点。

2. 微课程教学法

伴随着"互联网+"时代这一大的形势的发展和国际间跨文化交流的日益频繁，语言教学模式、教学方法等也应顺应时代形势的发展进行相应的革新和变化。与此同时，语言的教学还应结合并借鉴传统意义层面的翻译法、讲授法等的经验，弥补传统意义教学的不足，并充分考虑新时代下大学生的个性化需求和特点，展开与时代发展相贴近的语法教学。其中微课程语法学习法就是其中的一种结合当前大学生热衷笔记本电脑、智能手机以及 iPad 等移动终端设备并能通过利用这些资源获取文字、图片并随时随地观看视频这一特点而进行的比较有意义、有价值的语法教学方法的实践和尝试。

具体而言，微课程教学法是指以"云环境"背景为依托，并倡导"导学一体"这一理念的教学方法。具体涉及以下三方面：

第一，课前自主学习任务单。

第二，配套学习资源。

第三，课堂教学方式的创新。

其中的课前自主学习任务单具体指的是教师指导学生进行自主学习的方案，这一模块的自主学习任务单对于单位课时的教学活动具有灵魂性的导向作用。配套的学习资源具体是指微视频。这种类型的资源具有短小精悍、主题突出、便于运用等特点。关于课堂教学方式的创新，教师在具体教学中可采用灵活多样的方式，如小组间的PK、小组或同伴间的合作学习、教师的点评、小组间的互评等，借助这些形式尽可能地激发学生的学习兴趣，培养学生的团结协作精神和创新精神。

3. 语境教学法

通常，语法都是在具体的语境运用过程中得以呈现的，因而与具体的语境相结合来阐释语法知识也是使用频率比较高的语法教学方法。学生在语境中对语法规则进行体验、感悟、总结和运用，不仅能够很好地学以致用，而且对提升学生的交际能力也大有裨益，这也是同跨文化交际视角下的大学英语语法教学的理念相一致的。在具体的跨文化交际过程中，语境通常更为复杂，并且涉及不同语言、不同文化下人们的交际语境。这种借助语境进行的语法教学正好有效地弥补了传统语法教学中忽视外在语言环境的情况。下面就结合几种利用语境来设计的语法教学进行具体分析。

（1）借助语篇来设计语境

语篇是包含特定语境的各类语法形式的有机组合形式。基于语篇的这一特点进行考虑，语篇就能够为语法规则的归纳、比较与总结等提供较好的上下文语境；语法教学中一些常见的语法知识点和项目，如冠词的使用、时态、主谓一致关系和非限定性动词的使用等，通常都应置于一定的上下文语境中，只有置于语境中来讲授这些语法知识才能更加充分地体现和理解这些语法项目所蕴含的意义。从时态教学来看，传统的语法教学中，都是运用句子来讲授各种时态的，各个时态间相区别的标志也通常是句中所出现的一些标志词，如just now、often等。这种形式的教学其实有其固有的局限性，单纯地局限于句子使学生很难全面地掌握某一时态的具体用法，并使学生很难依照语义需要来正确地选择具体的时态。因而，不管句型操练多少遍，如果该时态在某一语篇的具体语境中出现时，学生也相对会比较难把握和熟练运用这些时态，进而会导致在语法规则的形式、意义和用法等层面产生矛盾。因而借助语篇来设计语境，能够让学生在一个比较高的层面上对时态的意义和用法有全面的把握。但是，借助这种方法来教授语法，通常也对教师提出了更高的要求，需要教师精心地设计和选择语篇，并做好充分的准备。

（2）借助多媒体教学手段来设计语境

考虑到多媒体集图、文、声、像于一体这一优势，借助多媒体也能为语法规则的学习和教学提供使用语言和用语言进行交际的具体情境语境，并且能够使静态化、枯燥的语法知识变得更加立体、富有趣味，并能充分调动学生学习的主动性和积极性。例如，就情态助动词can、may、must、shall、would、could等来说，有部分学生通常会自认为自己已经掌握了这些词的规则和意义，但是，在同以英语为母语的人士进行交际的过程中，通常会出现由于用词不当而给人一种语言运用不到位的感觉。针对这一现象，可以有效地运用多媒体手段，制作一些简单的动画或者播放同教学内容相关的情境短片，使实际的交际场景得以再现，或者以巧妙的课堂设计加以辅助，让学生在对情境语境的模拟中来反复使用语法规则，对这些语法规则的用法意义进行体会、比较、感知和总结，进而达到完全掌握语法知识这一最终目的。

（3）借助现实场景来设计语境

英语教学通常也是发生在特定的时空和场合的，是在师生间展开的。因而一些从表面上看似单调乏味的日常教学事实通常也蕴含着一些鲜活的情境语境，教师应学会善于发现并对这些现实场景进行充分利用，并结合语法规则的特点来设计语境。以祈使句这一语法项目的讲解为例，祈使句的主要功能为表达命令、指示和请求，或者可以用来表示劝告、建议、祝愿和欢迎等意义。现代英语中的祈使句又可分为第二人称祈使句和第一、三人称祈使句这两大类型。其中的第二人称祈使句将听话人 you 作为祈使对象，you 通常并不显现出来。第一、三人称祈使句通常是以 let 为引导词，第一人称的祈使句以说话人自己 me 为祈使对象，第三人称祈使句以 him/them 为祈使对象。在具体的语法教学中，教师就可以利用师生间、生生间的身份并配合不同的场景来开展相应的情境教学。

4. 练习法

语法教学作为语言教学中的一项重要内容，其最终目的也是让学生能够将知识运用到实际中，从而更好地培养学生的综合素质和能力。因而，就需要教师对语法练习进行科学、合理的选择和设置，有效地组织学生进行语法项目的操练。但是，采用练习法来操练语法项目并不是盲目进行的，而是分阶段进行的，通常需要遵循循序渐进的原则来让学生达到熟练应用的目的。

一般而言，需要先通过模仿、替换、不断重复来进行机械式的训练。机械式练习通常要求学生达到不用理解句子的含义就能做出迅速、正确的反应。紧接着，通过造句、仿句、改句、改错、翻译等方式来内化训练，内化训练通常要求学生围绕教学内容进行，要求学生能够达到熟记、理解的程度，并能做出正确的反应。最后，教师可借助场景对话或问答之类的口语训练进行交际操作训练。这种训练方式最终要求学生能综合运用所学的语法知识，并能组织语言迅速做出反应和回答问题。

第二节　跨文化交际视角下的大学英语听说教学

一、跨文化交际视角下的大学英语听力教学

随着当今世界科技化和信息化的飞速发展，地球变得越来越小，人们的交流受时间和空间的限制越来越小。21世纪是全球化和国际化快速发展的时期，英语已成为一门世界性的语言。在此国际大背景下，学习英语的目的不仅是学习英语语言知识和英语国家文化，而且是要适应日益频繁的文化交往，满足国际交流需要。

随着经济全球化的发展，可以毫不犹豫地说，世界已经进入了"地球村"时代，由此带来的跨文化交际也更加频繁。因此，要想更好地融入国际化的浪潮中，必须具备跨文化交际的意识和能力，这也是提高中国的综合国力、实现民族伟大复兴的必然要求。在学习英语这门世界性语言的过程中，听、说、读、写、译是必须掌握的五种语言技能，而其中最基本的就是英语听力理解能力。这是成功进行跨文化交流的先决条件。但是，综合分析当前我国大学英语听力教学的现状，仍能发现一些急需解决的问题。以下就在分析文化对大学英语听力教学的影响以及大学英语听力教学的现状、目标与方法的基础上，对跨文化交际视角下的大学英语听力教学进行研究。

（一）文化对大学英语听力教学的影响

文化与语言是密不可分的，语言是文化的载体和媒介，文化又同时影响和制约着语言交际。邓炎昌、刘润清在《语言与文化》一书中提到："语言反映一个民族的特征，它包含着该民族对人生的看法、生活方式和思维方式。"因此，对文化背景知识和中西方文化之间差异的深入了解在语言交际中有重要的作用，在面对丰富多彩的听力材料时，才能有效消除听力理解中的语言障碍，提高听力理解能力，从而更好地实现跨文化交际。

民族文化的独特性包括很多方面，如风俗习惯、思维方式、价值观念、表达习惯等，而在跨文化交际中，人们又总是习惯基于自己民族的文化背景及语言表达习惯，用自己固有的思维方式去理解别人说的话。因此，了解与交际内容相关的文化背景知识具有非常大的必要性。这也可以看出，熟悉英美国家的文化背景知识对完成英语听力理解的重要意义。

在大学英语听力教学中，学生的听力理解过程是以头脑中已存的背景知识为基础的，

并运用多种听力策略进行语言信息解码和意义重构的过程。这里所说的"背景知识"不仅指语言表面形式中蕴含的信息，同时还包括文化背景知识和常识等。只有具有丰富的文化背景知识，才能有效地对输入的声音信号进行辨认。学生在听力理解中遇到的主要障碍除了语言本身的因素外，还有涉及习俗、历史、价值观等方面的文化因素，而后者又常常是容易被忽略的。这也凸显出了文化背景知识的传授在英语听力教学中的重要作用。

（二）大学英语听力教学的目标

1. 一般要求

英语听力教学的一般要求主要有以下几个方面：①能听懂英语授课。②能听懂日常英语谈话和一般性题材的讲座。③能听懂语速较慢（每分钟 130~150 词）的英语广播和电视节目，能掌握其中心大意，抓住要点。④能运用基本的听力技巧。

2. 较高要求

英语听力教学的较高要求主要有以下几个方面：①能听懂英语谈话和讲座。②能基本听懂题材熟悉、篇幅较长的英语广播和电视节目，语速为每分钟 150~180 词，能掌握其中心大意，抓住要点和相关细节。③能基本听懂用英语讲授的专业课程。

3. 更高要求

英语听力教学的更高要求主要有以下几个方面：①能基本听懂英语国家的广播电视节目，掌握其中心大意，抓住要点。②能听懂英语国家人士正常语速的谈话。③能听懂用英语讲授的专业课程和英语讲座。

通过上述内容可以看出，教学过程中促进学习者听力理解和技能运用能力的提高是教学活动开展的主要目标。了解了英语听力教学目标，在教学过程中，教师应该有意识地培养学生的听力技能以及交际中信息的获取能力。

（四）跨文化交际视角下大学英语听力教学的方法

1. 多媒体辅助英语听力教学

（1）多媒体辅助英语听力教学的概念

多媒体辅助英语听力教学是一种新型的、特殊的英语听力教学方式，它与传统的听力教学方法是不同的。

当前我国高校英语听力教学普遍应用的还是以完成听力材料为教学任务的传统教学方式。基本教学步骤也大致相同：首先，播放录音，学生完成听力练习；其次，教师组织核对练习答案；最后，再次播放录音，检查疏漏之处，讲解生词和疑难句型，加深学生对听力材料的理解。

当代大学生学习英语的根本目的是运用英语这门语言进行跨文化交际，而不是追求语言形式的正确性。这是语言学习的本质，也是大学英语听力教学的最终目标。因此，听力理解和口语表达的训练必须紧密联系在一起，进行有机结合，不可单独进行。为了满足二者相结合的需求，多媒体辅助英语听力教学应运而生。

多媒体辅助英语听力教学符合语言教学的规律，能够充分调动学生的听觉、视觉，并与口语表达结合在一起，在形象生动的环境中，提高英语运用和交际的能力。而为这种教学方法提供硬件支持的便是多媒体语音实验室。

在多媒体语音实验室中，音频视频系统、语言测试系统、网络系统及电脑磁盘信息输出系统等使听力教学变得更加形象和直观。学生在进行听力训练的同时，从直观的形象中也能获取到更多与听力材料有关的文化信息，这对于学生了解文化间的差异，增强对文化差异的敏感性有很大的作用，同时也为其口语交际提供了更多的表达方向。在提高听力技能的同时，其他方面的语言技能也得到了很好的训练。

近几年来，我国高校英语听力教学的条件得到了很大的改善，多媒体语音实验室及其配套设备也有很大的发展。英语听力教学不再是简单的教师与学生间的互动，学生与学生、人与多媒体设备之间的交流也日益增多。

多媒体语音实验室的类型有多种，如听说型语音实验室、视听说对比型语音实验室、听说对比型语音实验室、听音型语音实验室等。随着网络信息技术的发展，近几年还出现了数字语音实验室、移动语音实验室、无线语音实验室等新型的语音实验室。听力教学环境的改善对于提高学生的听力理解能力、感知能力、创造能力和交流能力有极大的促进作用。

（2）多媒体辅助英语听力教学示例

多媒体辅助英语听力教学有多种多样的教学形式，听力材料的来源也十分广泛，可以是教材上的听力训练，也可以是广受大学生欢迎的英文歌曲，还可以是英语影视作品中的某个场景或片段，甚至还可以是综合现实性、实用性和趣味性为一体的国际英语新闻。

需要注意的是，在多媒体辅助英语听力教学中，教师的作用不仅仅是选择影视资料、规定播放时间、按要求执行任务，更重要的是在听力训练中进行预先讲解、赏析引导及观后讲评等，也就是说，教师在多媒体辅助英语听力教学中的角色不是被动的放映员，而应是主动的组织者和引导者。

2. 三段式教学法

三段式教学法是在任务教学法、交际法以及图式理论的基础上发展起来的。早在20世纪70年代，英国伊林高等教育学院的听力教学法专家玛丽·安德伍德通过研究听力理论和记忆心理规律，将听力教学分为三个阶段，即听前阶段（pre-listening）、听时阶段（while-listening）和听后阶段（post-listening），并且每一阶段都有一个清晰的教学任务。这种听力教学方法受到了国内外的关注，但并未在我国的英语听力教学实践中得到发挥和应用。后来，随着语言学理论、教育学理论的发展，以及英语听力教学地位的提高，三段式教学法逐渐被人们熟知。

（1）听前

听前阶段的主要任务是激活学生头脑中原有的词汇图式及语言背景知识，集中注意力，做好听前准备。

第一，实例、图片导入。在练习一些以真实的对话、新闻、故事等为内容的听力材料时，教师可以收集与之相关的实例或图片进行课前导入，还可以创设真实的语言场景进行提问。这一活动的目的是帮助学生根据已有经验进行合理预测。

第二，视频、歌曲导入。听力训练开始前播放英文视频或歌曲，能够使课堂气氛更加活跃。同时，英文视频、歌曲也是英语文化的重要组成部分，对于提高学生学习英语的热情有很大帮助。

第三，关键词导入。导入听力材料中的关键词，是一种降低听力训练难度的方法。

（2）听时

听时阶段的主要任务是提高学生引出及解决问题的技能。教师应根据学生的英语水平较好地把握听力材料和听力任务的难度，使听力任务既有挑战性，又不挫伤学生听力训练的积极性。

第一，有针对性地进行听力训练。教师要有针对性地选择与学生英语听力水平相符的听力题型。

第二，指导学生提取关键词句，掌握文章的中心思想。

第三，培养学生的听力技巧，如速记等。

（3）听后

在听后阶段，教师可根据听力材料内容进行拓展练习。例如，角色扮演、对话练习、问题讨论、写作等任务。拓展练习的目的是为了帮助学生回顾听力材料中的语音、语法、词汇、句子表达等，检查及测试听时的记忆情况，更好地完成听力教学任务，实现学生的全面发展。

在大学英语听力教学中应用三段式教学法，需要注意以下三点。

第一，每个阶段的教学活动都要与听力训练具有相关性，同时还要具有多样性和趣味性。

第二，听力技能和听力兴趣是听力教学的主要任务。同时，听力教学活动不能只培养听的技能，还要给学生创造交际的机会。

第三，听力难度要符合学生当前的语言水平，教师可以对听力教材进行一定的修改。

3. 策略教学法

（1）策略教学法的理论基础和含义

大学英语听力教学实践是一个不断变化发展的过程。在早期的视听教学中，当时的教育理念认为听力理解的能力是无法通过教育获得的，听力能力是在逐渐积累和融会贯通中掌握的。而后经过一段时期发展的听力课开始使用一些带有听力理解题的篇章作为听力材料。随着跨文化交际的发展和英语地位的提高，人们逐渐开始关注听力的策略问题，教师在英语听力教学中也开始有意识地教授学生如何有效地去"听"。

语言教育学者奥马利和查莫特对学习策略的研究对教育学界产生了重要影响。他们将语言学习策略分为以下三种类型。

第一，元认知策略。

第二，认知策略。

第三，交际情感策略。

其中，有效使用元认知策略对于语言的学习具有重要的意义。这一策略能够指导学习者对整个语言学习过程进行思考，通过对认知活动的计划、监控，培养预见能力，还能够在认知活动完成后进行自我评估。因此，要想使学生提高听力理解的能力，就要加强听力策略意识的培养，加强对元认知策略的使用。

因此，策略教学法就可以解释为"源于策略指导的一种教学方法"。策略教学法的教学目标是教会学生"听"的技巧和策略。

在运用策略教学法进行英语听力教学时，教师首先要使学生理解语言是如何发挥其功能的。其次，使学生形成听力"策略意识"。最后，指导学生掌握更多的听力策略以应对听力任务。

（2）策略教学法在英语听力教学中的应用

英语听力材料的形式多种多样，涉及的内容主题也十分丰富。但是，通过对众多的英语听力材料进行对比和分类，又往往能发现某些听力材料在结构或逻辑等方面表现出相同的特色。这时，如果掌握了相应的听力策略，就能轻松地完成听力任务。常见的英语听力策略有精听、泛听、寻听、略听以及预测等。下面就对这几种听力策略进行简要分析。

①精听

精听（intensive listening）策略对学生的听力水平有较高的要求。学生要在注意力高度集中的情况下，尽量听懂材料中的每一句话，甚至还要准确把握语音和语调。

听力任务中需要采用精听策略的题型常见的就是"听写"。学生只有听清材料录音或教师口述表达中的每一个词、每一句话，才能顺利写出原文，完成听力任务。

除了"听写"以外，学唱英文歌曲，语音、语调模仿练习等任务同样需要掌握精听的策略。

精听策略的目的在于使学习者熟悉目的语使用者的语音、语调等，同时发现并纠正自己的发音问题，提高听力理解能力。

②泛听

泛听（extensive listening）策略不需要学生完全听懂材料中的每一个词、每一句话，只需要整体把握所听内容的主旨大意即可。

需要采用泛听策略的常见听力任务可以有以下两种形式。

第一种听力任务是"标题探索"。

这种听力任务的主要目的是考查学生对听力材料大意的理解，具体包含以下几个步骤。

第一步，教师根据听力材料拟定几个主题，作为听力材料的备选标题。

第二步，教师介绍听的任务，使学生在听的时候能够将注意力集中在对所听内容大意的把握上。

第三步，教师播放录音或录像。

第四步，学生根据对所听内容大意的理解选择适当的标题。

第二种听力任务是"排序"。

这种听力任务的主要目的是考查学生对材料内容中主要故事情节信息的掌握。一般这种听力材料多为记叙性的内容，具体包含以下几个步骤。

第一步，教师将听力材料中故事的主要情节顺序打乱。

第二步，教师介绍听的任务，要求学生注意事件发生的主要线索、顺序。

第三步，教师播放录音或录像。

第四步，学生根据所听内容将打乱顺序的情节重新排序。

第五步，反馈。

泛听策略的目的在于更多地接触语言现象，提高听觉的反应能力和对所听内容的整体理解能力，巩固和扩大精听的成果。泛听是一个连贯的过程，听者不需要将注意力过多地集中在对个别的生词、短语的理解上。

③寻听

寻听（scan listening）策略是为了寻找特定的信息而有针对性地听，能够减少听的负担，提高听的效率。

需要采用寻听策略的常见听力任务有"复式听写"，即教师在听力任务开始前，将材料的焦点、关键之处，或听力训练的技巧性部分去掉，学生需要在听的过程中将注意力集中在这些关键部分，根据所听内容补全信息，具体包含以下几个步骤。

第一步，教师根据听力材料的难易程度以及学生的英语听力水平，将听力材料的关键词或关键内容挖空。

第二步，教师将挖空的材料分发给每个同学，介绍听力任务。

第三步，教师播放录音或录像。

第五步，反馈。

在运用寻听策略时，可以根据任务的难度，适当增加听力材料的播放次数。

④略听

略听（skim listening）策略是在听的过程中将注意力集中在篇章的题目、首句和尾句以及关键词上，对听力材料中的细节内容不必过分关注。

需要采用略听策略的听力任务可以是"听与画"。

这种听力任务多适用于描写性的听力材料。学生用简单的图画形式将所听到的内容表示出来。教师还可以对一幅画进行文字描述，然后表达给学生，进行听与画练习。具体包含以下几个步骤。

第一步，教师选择题材、难度与学生的现有听力水平相近的听力材料。

第二步，教师播放录音或朗读，也可由学生朗读。

第三步，学生在听的同时完成绘画。

第四步，学生间相互比较对照所画的图画。

第五步，教师展示正确的图画。

⑤预测

预测也是听力测试中的重要策略。听力播放之前和听力过程中都可以进行预测。

在听力播放之前，学生可以根据已有的听力材料或者关于听力任务的要求进行预测。

在听力过程中，学生可以根据已经播放的信息进行预测，即根据上面听到的内容来预测下面将要说的内容。

二、跨文化交际视角下的大学英语口语教学

当今社会是国际化的社会,大学生不仅要具有阅读和翻译能力,更重要的是要有熟练的交际和会话能力。因此,提高大学生的跨文化交际能力理应成为当前大学英语教学新的目标和关注点。文化形态的差异性反映到语言层面上,则表现为语言差异。但是,在当前中国的高等教育中,普遍存在的一种现象就是大学英语教育注重语言形式,忽略语言功能。大学中的口语课程受到教材、教学设备、口语教师本身的能力等诸多因素的影响,并没有起到应有的作用。针对这种现象,大学英语口语教学很有必要进行改革。下面就在分析文化对大学英语口语教学的影响,大学英语口语教学的现状、目标与方法的基础上,对跨文化交际视角下的大学英语口语教学进行研究。

(一)文化对大学英语口语教学的影响

不同文化背景的人们在进行交往时,往往会无意识地用本民族的文化准则、社会规范、风俗习惯等来判断和理解别人的语言行为,从而造成语用失误,有时还会造成文化误解,甚至引起文化冲突。这也是为什么文化差异会对跨文化交际造成诸多障碍。

随着中国现代化进程的加快,社会的发展对大学生的英语水平提出了更高的要求。仅仅具有丰富的语言知识已经远远不能满足国内外形势飞速发展的需要。跨文化交际能力,特别是跨文化口语交际能力,成为新时代高素质人才的重要衡量标准。但是,目前我国大学毕业生的英语交际能力并不十分理想,可这并不是说我国大学生的英语专业能力不高。当前外语界常常将交际能力分为两方面:一方面是"语言能力",即语言形式正确,并且符合语法规则的能力。另一方面是"语用能力",即在具体的语言交际环境中得体地使用语言的能力。

经过多年的英语学习,我国大学生实际上都具备了语言能力,他们真正缺少的是语用能力。而造成这种现象的原因主要是在跨文化交际中对跨文化知识了解得不充分。因此,为提高大学生的语用能力,使他们能够在跨文化交际中得体、地道地使用英语,就要将文化教学与口语教学紧密地结合起来,在文化对比中深刻感知文化间的差异,领会英语与汉语不同的使用特点,避免出现语用失误,提高跨文化交际能力。

(二)大学英语口语教学的目标

1. 一般要求

①能在学习过程中用英语交流,并能就某一主题进行讨论。②能就日常话题用英语进

行交谈。③能经准备后就所熟悉的话题做简短发言，表达比较清楚，语音、语调基本正确。④能在交谈中使用基本的会话策略。

2. 较高要求

①能用英语就一般性话题进行比较流利的会话。②能基本表达个人意见、情感、观点等。③能基本陈述事实、理由和描述事件，表达清楚，语音、语调基本正确。

3. 更高要求

①能较为流利、准确地就一般或专业性话题进行对话或讨论。②能用简练的语言概括篇幅较长、有一定语言难度的文本或讲话。③能在国际会议和专业交流中宣读论文并参加讨论。

（三）跨文化交际视角下大学英语口语教学的方法

通过对当前大学英语口语教学现状的分析，可以发现转变英语口语教学模式、改变教学方法的重要性。在跨文化交际浪潮的大背景下，教学方法要根据口语教学的实际情况灵活选用，才能提升学生口语表达能力。

1. 语境教学法

（1）语境教学法的内涵

语境教学法的指导思想是语境理论，教师在语境理论的指导下，进行备课和口语教学实践工作，并使学生掌握运用语境知识进行口语学习的方法。语境教学法始终以培养学生语言应用能力为大学口语教学的原则。

与情境教学法相比，语境教学法有其自身的特点。

第一，语境教学法追求的是"语境"的作用，要求学生在真实的言语环境，而不是人为优化的场景中，进行言语交际。因此，它又可以分为上下文教学法、虚拟语境教学法、社会文化语境教学法、情境语境教学法等。

而情境教学法则追求的是"启示""诱发"的作用，倡导在人为创设优化的、形象的、富有教育内涵的、充满乐趣的环境中启发学生的思维，强化其内心感受，诱发其主体性和能动性，以学生的发展为出发点和落脚点，进行渗透性教育。因此，情境教学常用方法有实物演示、表演体会、生活展示、情境再现等。

需要注意的是，语境教学法与情境教学法并不是完全不同的，它们之间一定的联系。它们都意识到环境在外语教学中的重要作用。因此，语境教学是在情境教学的基础上发展而来的。

第二，语境教学法的教学目标更加侧重言语交际能力的培养。诞生于20世纪20年代的情境教学法则更加注重语言结构的学习和口语能力的培养。这可以算是语境教学法与情境教学法的主要差别。

二者的主要联系在于，情境教学中的"情境"也可以称为"情境"。因此，从某种意义上来看，语境教学包含情境教学。

（2）语境教学法的特点

经过大量英语口语教学实践的证明，语境教学法本身具有许多相对稳定的特征。分析语境教学法的特征，对于理解其含义、掌握其运用方法、更好地指导英语口语教学实践有重要的意义。

①真实性

真实性是语境教学法最基本的特征。这与其所倡导的"真实的语言环境"是相互联系的。

首先，语境教学法要求在真实的课堂交际活动中开展口语教学，其教学目的是培养学生真实的言语交际能力。

其次，语境教学法中口语教学的内容具有真实性，是在了解学生本身口语学习的特点和需求的基础上设定并呈现的。

再次，学生作为口语教学实践的主体，他们自身的知识水平、表达能力、性格特点、学习要求和学习方式等都是一种真实的存在。

最后，语境教学是在特定的社会文化背景下进行的，无论是口语教学实践中的具体教学情境，还是根据教学内容人为创设的虚拟语境都要具有真实性。

②制约性

语境教学法的制约性体现在两个方面：一是微观方面，二是宏观方面。

在微观方面，情境语境或多或少对各种具体教学活动的实施和开展都有制约作用。

在宏观方面，社会文化语境，如政治、经济、文化、心理、价值观、道德观等，都对语境教学的各个方面起着制约作用。

微观与宏观两个方面都对英语口语教学实践的成功有着重要的影响。

③动态性

语境教学法的动态性主要与口语教学实践中临时性的语境因素有关。具体来说，口语教学的课堂语境总是变化的，课堂口语交际活动的展开过程中总会出现一些突发性的因素，如学生在言语交际活动中不能正确地表达思想或者无法理解教师的讲解等。这时就要转变教学方法，重新组织教学活动，并且调整课堂交际目标和教学目标。教师与学生都要根据语境因素的变化适时调整自己的言行,以保证语境下的英语口语教学顺利开展。

④生发性

在语境下的英语口语教学课堂中,教师和学生都是交际活动的主体,具有主动性和创造性。因此,如果能够较好地利用语境因素,特别是利用交际环境和言语知识的有机联系,就能够突破情境语境和社会文化语境的制约,通过交际环境解释和联想功能,使理解和表达更加准确、深刻。

(3) 语境教学法在大学英语口语教学中的应用方法

在大学英语口语教学中应用语境教学法,实际上就是发挥语言语境、情境语境和文化语境的作用,此外还要明确交际意图。在口语教学实践中应用这四点,就可以有效提高学生的口语会话能力。

①熟悉语言语境

口语教学的语言语境中包含语音、词汇、语法和背景知识等多种因素。语言语境可以分为语音语境、短语语境和句子语境。因此,其在帮助学生确定词、短语或句子在文本中的含义有很大的作用。学生在多次的言语交际活动中,辨析语音、理解词汇和语法结构、组织语言、表达思想时,实际就是在运用语言语境促进英语口语能力的提高。

为了熟悉语言语境,教师可以尝试以下方法。

首先,用一到两节课的课时向学生讲解在口语交际活动中需要注意的内容,目的是减轻学生的思想负担,轻松练习口语会话。

其次,开展课前演讲活动。演讲活动的具体内容和形式应该是多种多样的,教师可以拟定一个题目或创设一个情境,学生也可以自主选择情境语境。

再次,请学生对演讲活动进行评价。评价的内容可以是演讲活动的各个方面,如演讲者的语音、语速、语调、体态语等。这一环节的目的在于检验口语教学的效果,发现并提出学生口语表达的不当之处,帮助其改正。

最后,教师总结。采用多鼓励、多表扬的原则,态度和蔼,委婉批评。

②建构情境语境

语场、语旨和语式是情境语境建构中最主要的三个方面。在口语教学实践中,对这三个方面进行重点分析,能够有效提高学生的理解、推测和判断能力。

建构情境语境时,教师首先要介绍与当前教学任务相关的信息,如主题、参与者和传输媒介等信息。这样,学生才能够在任务开始前,对与主题相关的词汇和语法特征以及上下文进行预测和模糊的推断。

以"听一段眼科医生与患者的对话录音,然后进行口语练习"为例。在播放录音之前，学生会预测、推断与对话内容相关的主题，如治疗眼睛，因此头脑中就会浮现出与"治疗眼睛"相关的词汇和表达，这样一来就降低了听力理解和口语表达的难度。

但需要注意的是，每一个抽象的语境都含有无数的变量，因此仅仅根据有限的语境来进行听力教学是远远不够的。具体来说，从语场的角度，教师布置的口语任务可能会保持参与者和交流媒介的关系不变，而是改变话题从"治疗眼睛"到"有效保护眼睛"的方法。从语旨的角度，教师可以保持语场不变，而是改变参与者，改变医生和病人的角色。从语式的角度，语场与语旨都保持不变，而是将口语练习改为写作练习。

③学习文化语境

实际上，跨文化交流最主要的障碍就是缺少对目的语文化内涵的理解。因此，没有足够的文化背景知识，就无法从根本上提高学生的口语交际能力。教师要充分重视文化差异因素对英语口语教学的影响，培养学生的文化意识，在文化语境中开展口语交际活动。例如，举行英语演讲、表演英文话剧、观看英文电影等。

④界定交际意图

把握口语会话的交际意图能够有效地提高交际能力。以张德禄为代表的一些语言学家将交际意图分为两种类型：明确的意图和不明确的意图。

口语交际中的言语本身所表达出的含义是明确的意图。

不能通过言语本身，而要根据语境进行判断的含义是不明确的意图，其又有文化语境和情境语境之分。

在口语教学中，不明确的交际意图需要教师进一步解释。教师可以创造更加生动的语境，或者鼓励学生根据文化语境和情境语境去体会和把握。这一过程有助于提高学生表达"言外之意"的能力。

(4) 语境教学法在大学英语口语教学中的应用原则

运用语境教学法进行大学英语口语教学，除了要遵循口语教学的一般原则外，还要结合语境因素，有明确的交际目标，加强合作，创设得体的语境。

第一，目标原则。

英语口语教学要有明确的教学目标，同样，课堂中任何一个口语交际活动也要有明确的交际意图和交际目的。将交际目标进行细化，便形成了多个小的交际意图。同时，交际目的和交际意图的制定还要以学生的学习需要为基础，努力将口语交际活动的目标变为学生的学习需要。

第二，合作原则。

相互合作是成功交际的基础，交际双方都遵循一些共同的原则，交际才能顺利进行。

因此，口语教学实践中也要遵循合作原则，主要体现在以下三个方面。

首先，体现在语境中教师话语的数量上。在语境教学法中，教师话语内容的详尽程度和所包含信息量的多少，将直接影响语境教学的效果。一方面，教师要清晰明确地给出关于创设语境和交际任务的必要知识。另一方面，还要注意话语的数量，其包含的信息量要适度，给学生留下思考和探索的空间。

其次，体现在语境中的教师话语的质量和话语关联性上。话语的质量主要指交际双方话语的真实性。在特定语境下的口语交际中，无论是师生之间还是生生之间，都要言之有物，不能泛泛而谈。话语的关联性是指交际活动与特定语境的相关性。在特定语境范围内进行交际活动，才能保证交际的有效性，提高学生口语交际水平。

最后，体现在语境教学法使用过程中的话语方式上。过度地灌输言语知识并不能有效地提高学生口语交际能力。语境中真实的口语交际才能对提高学生的口语水平起到促进作用。

第三，得体原则。

创设得体的语境是口语交际活动顺利开展和进行的基础。得体原则主要体现在以下四个方面。

首先，语境的创设要以社会现实生活为基础，同时符合学生的个性特点。以现实生活为基础便于学生对语境的理解和接受。此外，学生在与自身知识水平、生活背景、个人经历和年龄等相符合的语境中能更有效地进行口语互动学习。

其次，语境教学要符合语言规律和教学规律。教师在口语教学中要以教学大纲、教学目标为依据，在遵循英语的语言规律和口语教学实践的客观规律基础上，进行语境的设置，不能缩手缩脚，也不能画蛇添足。

再次，语境的设置要具有趣味性。精彩有趣的语境在英语口语教学实践中发挥着很重要的作用。不仅能够吸引学生的注意力，激发其参与表达和交流的积极性，还能使其产生强烈的求知欲望。从而在和谐幽默的教学氛围中，缓解紧张的情绪，消除师生间的隔阂，摆脱交际的困境。

最后，语境教学本身具有灵活性。教学本身就是一个动态的过程，任何教学方法都没有一成不变的模式，都是在实际教学过程中，具体问题具体分析，不断地进行适当的调整和修改。

（5）语境教学法在大学英语口语教学中的操作步骤

在大学英语口语教学中应用语境教学法，主要有以下五个步骤。

第一步，选定某一口语交际的话题，并为学生播放与此话题相关的目的语国家文化的视频。例如，服饰文化、社交文化等。

第二步，对比分析与交际主题相关的目的语国家文化与中国文化，引导学生发现二者的异同点。

第三步，教师对学生的发言做总结并扩展相关文化知识。

第四步，围绕话题，创造接近真实的语境，学生分别扮演情境下的不同角色，进行口语练习。

第五步，教师主要围绕语用和有效的交流两个方面对学生的表演等口语练习活动做评论。

2. 探究教学法

（1）探究教学法的内涵

探究教学法的形成与现代教育手段和媒介的发展有很大的关系。这一教学方法的核心就是"探究"，因此其与传统的口语教学模式存在很大的不同。探究教学法更能体现出语言学科的特点。

简单来说，大学英语口语教学中的探究教学法就是指大学英语教师利用现代教育手段与媒介，综合多种教学资源，以学生为中心，以教师为主导，通过以学生的自主学习、自我探索和自我研究为主的方式完成语言知识和口语技能习得的教学方法。

（2）探究教学法的过程

①确立探究问题

确立探究问题是探究教学法的第一步。旧问题解决后，有时会产生新的问题，因此探究教学是一个循环往复的过程。口语教学实践中会产生多种问题，但是探究问题的选择和确立需要考虑多方面的因素。一方面，有些问题产生的原因很简单，容易解决，因此不必探究。另一方面，有些问题用其他方法讲解会更加浅显易懂，因此不适用于探究教学法。所以，教师在确立探究问题时要进行深入的分析和精心的选择，以下几个方面值得考虑：

首先，务必要考虑到课程内容和先前教学中的知识积累。探究问题要在整个教学知识结构中起到承上启下的作用。此外，问题的深度与广度的选择还要符合维果茨基的最近发展区原则，即通过自我探究和教师的指导能够解决问题。

其次，要考虑问题的创设情境。以教材内容为基础，创设出能够自然导出问题的情境。

最后，还要考虑学生的学习兴趣与学习动机，用更加新颖的方式提出问题。

②收集数据

大学英语口语教学探究教学法中数据的收集指的是与语言有关的语料，以及与文化、语言使用有关的艺术与策略的材料的收集。

这一环节的实施需要教师严格的监控，并给予学生收集内容、方向与来源方面的指导和建议。这样才能起到事半功倍的效果，否则就会白白浪费时间和精力。

③分析解释

分析解释是探究教学法的第三个步骤，这一环节对下一环节的讨论交流有重要的影响。

定的交际情景和交际目的中所涉及的词汇、语法、句式、文化、交际策略等方面的因素在交际中的功能做出解释和总结。

④讨论交流

讨论交流贯穿于大学英语口语教学的始终，体现在课内与课外的各种交际活动中。在探究教学法中，学生完成课外探究之后，结合所得在课堂上与同伴就教师所给的探究材料进行有目的的交流讨论。同时，做好记录。

⑤展示评价反思

展示评价反思是探究教学法的最后一个环节，也是不容忽视的一个环节。这一环节需要注意两个方面，一是学生的展示行为是否规范；二是教师的点评内容与评价方式是否得当。

（3）探究教学法的特点

第一，开放性。

开放性是大学英语口语教学中探究教学法的显著特点之一，主要体现在教学内容、教学组织形式和教学管理三个方面。

首先，在教学内容上，探究教学的内容以教材为基础，但并不受教材的制约与束缚，其涉及的内容要比教材内容广泛得多。这是因为，探究教学往往针对某一主题进行深层次的考究，无形之中就会涉及多领域、多学科的内容。

其次，在教学组织形式上，探究教学常常在学生与学生之间或学生与教师之间的交流、协商、讨论中展开，这种教学活动的组织形式与传统的教学方法相比，具有明显的开放性。

最后，在教学管理上，探究教学以学生的自主探究为主要的学习方式，教师起到了监督与指导的作用。

第二，合作探究性。

合作探究性可以看作探究教学法的另一个显著特征，这与其本身的教学模式有很大的关系。

真正意义上的大学英语口语探究教学主要依靠学生的自主探究来完成知识的学习和技能的掌握，因此仅仅依靠个人能力是无法实现的，离不开教师的监督与指导和同伴间的合作学习。

此外，每位学生的学习技巧、学习方法、学习能力等都是存在差异的，但同时也是可以进行互补的，因此要拓宽探究内容的广度与深度，就必须加强合作、增进互补性。

第三，实践性。

大学英语口语探究教学的实践性是由大学英语教学的目标决定的。当今社会对英语人才提出了更高的要求，即不仅要具备扎实的语言知识和技能，还要具备熟练的英语运用能力。探究教学为学生提供了充足的思考和使用英语的语言实践机会。

3. 多媒体教学法

多媒体技术应用于大学英语口语教学也是适应跨文化交际发展的需要。在口语教学课堂中，真实的目的语交际环境是十分重要的。多媒体技术集语言、画面、声音三大媒介于一体，使学生能够在声影交错、言景结合中，轻松地融入英语语言情境中。此外，有效采用多媒体技术开展英语口语教学，还能为学生学习英语口语提供大量语言信息，在各种语言交际活动中提升自己的口语表达能力和得体的语言交际能力。

在多媒体教学技术中，慕课教学作为一种在线教学的新形式近年来得到了较快的发展，应用也越来越广泛。所谓慕课，即大型开放式网络课程（massive open online courses, MOOC），它并不是网络资源的简单堆砌，而是以主题的方式对教学资源进行科学的呈现。慕课教学应用于英语口语教学中主要有以下几种形式：①仿真对话教学。学生与慕课视频教学中的外国交流者或专业的英语教师模拟现实情境，进行英语口语对话训练。②提供口语练习平台。慕课平台中的海量资源具有多样化、更新快的特点，学生不仅可以进行口语学习，还能丰富知识、开阔眼界、拓展思维。③展开板块学习方式。为满足不同学生的口语学习需求，慕课教学将口语学习切分为多个板块，如基本日常用语板块、服务英语学习板块、询问口语学习板块、专业英语学习板块等。为提高口语训练的针对性与实效性，这些板块还可以进一步分化。例如，专业英语学习板块就可进一步划分为旅游专业英语口语板块、企业管理英语口语板块等。

综上所述，文化的多样性深刻影响着学生的英语听力理解和口语表达，更直接关系到听与说的效果。因此，教师必须把握时代的发展趋势，在教育部制定的教学大纲的指导下，以培养和提高学生的跨文化交际能力为目的开展听力与口语教学工作。这也是大学英语听力和口语教学的意义所在。

第三节 跨文化交际视角下的大学英语读写译教学

阅读、写作和翻译是三种重要的综合英语技能，因此阅读教学、写作教学和翻译教学成为英语教学中的重点和难点。同时，阅读、写作和翻译还是书面语的组成要素，同样受到跨文化的影响。这就使如今的大学英语教学必须与时代同步，结合跨文化的相关内容。

一、跨文化交际视角下的大学英语阅读教学

在任何时候、任何地方，阅读都是人们获取信息的主要途径，它的重要地位不可忽视。不但如此，阅读还是提升自我素养的一个渠道。与汉语阅读不同，英语阅读还受到跨文化的影响。在跨文化交际视角下，大学英语阅读教学的情形较以前又有了新的内容，所以大学英语阅读教学不仅非常重要，还较难把握。

（一）文化作用于大学英语阅读

多种因素作用于英语阅读，所以英语阅读的效果是一个动态的、复杂的变量。英语词汇量、阅读习惯、语法知识、文化知识等都会对英语阅读造成影响。这些因素也是动态变化的，英语学习者可以通过努力学习让这些因素正面发展。在此，重点探索文化对于英语阅读的作用。文化主要是从语言和文化背景两方面作用于英语阅读。

1. 语言文化作用于大学英语阅读

（1）词汇作用于大学英语阅读

英语语言意义的最小单位是词汇，它同时也是语言文化的一个元素。英语和汉语的对等是有限的，有部分英语词汇能够在汉语里找到对应的词语。然而需要强调的是，词汇的意义还是语境中的意义，需要在特定的语境中去理解词汇的意义。相同的词汇在不同的语境中，具有完全不同的意义。词汇具有三种意义：概念意义、搭配意义和内涵意义。

①概念意义

在词汇的意义中，概念意义处于核心位置。所以，它在语言交际中的地位也非常关键，对概念意义的误解会引起跨文化交际冲突。例如，drugstore 在汉语中只是代表"药店"；在英语文化里指销售药物、零食、饮料等多种商品的商店。

不同的国家具有不同的文化，因此具有不同的亲属关系的理解方式，并且给予不同的定义和标记。亲属称谓的不等值就是对此最直接的反映。

汉语亲属称谓遵照二分旁系型原则，不仅将直系与旁系进行严格区分，而且在旁系内部也做区分。英语文化里的亲属称谓遵照直系型原则，它只是将直系与旁系进行辨别，在旁系内不再进行区分。

②搭配意义

词汇和词汇之间发生着组合关系，这种组合关系就导致了搭配意义的产生。搭配意义是一种必须与别的意义结合在一起才能产生的意义。它是一种关联意义。例如，black mail 在英语文化中指的是"勒索行为"，而不是"黑色邮件"；free love 在英语文化中指"（没有婚约的）自由性爱"，而不是指"自由恋爱"。

③内涵意义

内涵意义将客观事物的本质和时代特征揭示出来，是一种超出概念意义的关联意义，表示词汇概念意义的属性。例如，magpie 在英语文化中指代"偷吃粮食的鸟"，这个动物显然是令人讨厌的，所以它是一个贬义词；而这个词在汉语文化中表示"喜鹊"，喜鹊在中国文化中却代表着"吉祥、幸运"，在欢度春节时，中国人常用喜鹊报春的画面或对联来创设喜庆的气氛。

英语和汉语的对等不是绝对的。那就意味着，英语和汉语中的词汇并非时刻对等，有的英语词汇无法在汉语里找到相对应的词语，这就是所谓的"文化空缺"现象。这个现象也会给英语阅读带来一些障碍。

（2）句子作用于大学英语阅读

词汇是句子的基本成分，词汇携带着文化基因，所以句子也有着文化的影子。汉语句子和英语句子在范畴、结构、词序等方面均具有较大的差异。汉语语言属于汉藏语系，英语语言归属为印欧语系的范畴；汉语语言重视意合，英语语言重视形合。汉语的句子结构比较灵活，按照主题来排列。汉语句子没有形式和时态的变化，以及明显的词类标记，所以对语义的判断需要依靠语境。英语句子中的主语和谓语是主轴线，提挈全句，定语及状语则是句子的枝干，关联词连接着主轴线和枝干。态直接反映着句子主要的结构信息、功能信息和语义信息。时，需要适时地调整句子的语序。

（3）语篇作用于大学英语阅读

篇章是由句子构成的，所以英语篇章和汉语篇章也存在着文化差异。篇章的结构取决于语言的逻辑建构方式，而后者受到整个民族的思维模式的影响，思维模式是长期浸润在特定的文化环境中形成的。中国人受螺旋式思维方式的影响，在口语或书面语中，总是先交代背景，再陈述主题，最后给出结论。西方人受直线式思维方式的影响，在口语或书面语中，通常直奔主题，主题句和主题段都在开头，用衔接手段将句子和段落联系起来，并且通过事实和数据来证明自己的观点。篇章的主旨受到文化的制约，是因为作者的态度受到文化的制约。

2. 文化背景作用于大学英语阅读

文化背景知识可以包括阅读中的显性知识，也可以包括阅读中的隐性知识，还可以包括阅读中的语境知识。缺乏必要的文化背景知识，对阅读理解有着极大的障碍，导致学生很难理解阅读材料，甚至可能产生巨大的误解。以下从社会文化、历史文化和地理文化说明文化背景如何作用于大学英语阅读。

（1）社会文化作用于大学英语阅读

社会文化是由群众创造的、具有民族特征的、对社会群体发挥作用的文化现象。社会现实中的一切文化现象都有其历史根源，这些文化最终会对英语阅读理解有较大影响。如果不了解社会文化，便无法进行深层次的英语阅读。与社会文化知识相关的词汇容易使跨文化读者产生困惑。

（2）历史文化作用于大学英语阅读

历史文化是指某个国家在演变发展过程中形成的一种体现民族特色的文化。历史文化的底蕴深厚，是长期积淀的结晶。在阅读英语材料时，学生也经常会因为不了解相关的历史文化而产生阅读障碍。

（3）地理文化作用于大学英语阅读

地理文化是在一定的自然条件、地理环境中所形成的文化。地理文化是区域性的，不同的国家当然具有不同的地理文化，尤其是地理差距较大的国家所形成的地理文化差别就非常明显。英语阅读理解中经常蕴含地理文化的素。如果读者事先并不了解文本中蕴含的地理文化，那么在阅读过程中将会出现无法理解句子、篇章的现象。

（二）大学英语阅读教学的目标

1. 大学英语课程教学要求

《大学英语课程教学要求》对大学阶段的英语阅读技能进行了一般要求、较高要求和更高要求三个层次的划分。

（1）一般要求

①能基本读懂一般性题材的英文文章，阅读速度达到每分钟70词。②在快速阅读篇幅较长、难度略低的材料时，阅读速度达到每分钟100词。③能就阅读材料进行略读和寻读。④能借助词典阅读本专业的英语教材和题材熟悉的英文报刊文章，掌握中心大意，理

解主要事实和有关细节。⑤能读懂工作、生活中常见的应用文体的材料。⑥能在阅读中使用有效的阅读方法。

（2）较高要求

①能基本读懂英语国家大众性报刊上一般性题材的文章，阅读速度为每分钟70~90词。②在快速阅读篇幅较长、难度适中的材料时，阅读速度达到每分钟120词。③能阅读所学专业的综述性文献，并能正确理解中心大意，抓住主要事实和有关细节。

（3）更高要求

①能读懂有一定难度的文章，理解其主旨大意及细节。②能阅读国外英语报刊上的文章。③能比较顺利地阅读所学专业的英语文献和资料。

以上目标和要求为我国的英语阅读教学提供了权威指导，但教师不能死板地按照以上要求开展教学，而应根据实际情况把握教学内容和教学进度，突出重点、详略得当、当快则快、当慢则慢，使教学活动始终围绕学生的实际状况展开，以保证最终的教学效果。

2. 目标的细化

阅读教学的最终目标的实现，离不开日积月累的努力。教师可以将阅读教学的最终目标加以分解，得出如下小目标，只要实现了这些小目标，就能够达到最终的阅读目标。

兴趣是最好的老师，这句话几乎人人都赞同。就英语阅读教学来说，教师也要提高学生对阅读的兴趣，增强他们阅读的动力。兴趣是最大的推动力量，一个人只要有了兴趣，就会前进一大步。要想增强学生的阅读动力，教师必须注意以下两个事项。第一，教师要注意对阅读材料难度的把握。教师应该全面了解学生的阅读能力，并且据此选择难度合适的阅读材料。阅读材料太难，会让学生产生畏难情绪；阅读材料太简单，学生又觉得没有挑战性，所以无论是太难或者太简单的阅读材料都让学生无法全神贯注于阅读材料。教师应该采用一些强化方法，来增加学生的阅读信心，对阅读水平较低的学生给予鼓励和支持，使他们不要沮丧。另外，也给程度高的学生安排较大的课外阅读量，使他们不要产生膨胀和自大心理。第二，教师要了解学生的个性特征和生活动态，以此推测学生的兴趣点，选择学生感兴趣的阅读材料。

阅读教材上的知识有限，教师应该注重课外阅读材料的选择，尤其要注意阅读材料的种类及其内容。只要是学生对阅读材料感兴趣，学生就有可能开展自主性学习行为。

人们常说，习惯成自然。好的习惯不是一天养成的，坏的习惯也不是一天养成的。要打破一个好习惯不容易，要消除一个坏习惯同样不简单，不良习惯的消除需要时间的积累。如前所述，不良的阅读习惯在学生中普遍存在。无论是哪种不良的阅读习惯，都会造成阅读速度的下降，最终导致自己无法提高阅读能力。有的学生比较注重单词的理解，却忽视了意群或者整个句子的意义。学生应该根据词组、意群做短暂停留并理解整个句子的意义。学生在阅读时要保持头部不动，扩大视野的覆盖范围，增加眼睛所扫描的阅读内容，并对阅读内容进行积极理解。

阅读过程就是验证、否定或修改假设的不断重复的过程。在这一过程中，学生依赖背景知识建构新的意义。在阅读过程中，并不只是阅读材料才是有意义的，学生根据自己的背景知识对阅读材料进行预测和假设从而建构新的意义也同样重要。

阅读模式不止一种，包括自下而上模式、自上而下模式以及交互模式。无论是什么样的阅读模式都离不开文化背景知识的支撑作用。所以，教师应该激活学生的背景知识，帮助学生创建文化背景图式。学生对某些阅读材料有文化背景知识，这时只需要激活并提取就可以；如果学生对于某些阅读材料没有背景知识，就谈不上激活了，教师应该帮助学生积极创建文化背景知识图式，然后进行激活。下面举个简单的例子进行说明。有些学生可能不清楚艾滋病的传播途径，他们会认为握手、献血或在公共游泳池里游泳都会感染上艾滋病，这就是他们的图式。在阅读的开端，他们是按照这样的图式预测阅读材料的。随着阅读过程的推进，他们又会修改这种预测，他们的图式也会随着对阅读材料的理解而被修改。在阅读结束时，学生会正确理解艾滋病的传播途径，他们的图式就得到了建构。

语言知识与阅读技能有着莫大的关系，其中，语言知识中的词汇对阅读的作用尤为关键。学生的阅读速度和效果在很大程度上取决于词汇量，一个阅读能力强的学生一定拥有丰富的词汇量和较高的词汇认知技能。

在词汇量不是很充足的情况下，学生要学会如何猜测词义。对于一篇外文的阅读材料而言，学生的词汇量再大都不为过。具体来讲，学生要根据语篇提供的上下文、词法和句法等理性推测陌生词汇的意义。当然，猜测词义不是随心所欲的，而是要注意一定的技巧。学生可以运用逻辑推理和生活经验、普通常识等猜测词义，还可以通过上下文推测词义，如同义词、反义词、举例或定义等，也可以按照生词本身的结构推测词义，如派生法、合成法等。教师应该引导学生采取科学的方法记忆词汇，使学生最后达到事半功倍的效果。形象记忆法、联想记忆法等都是可以选择的不错的记忆方法。科学的记忆方法，就是符合记忆规律的方法。

词汇量和阅读量是相辅相成、相互促进的关系。学生只有在词汇量充足的基础上，才能扩大阅读量，而阅读量的扩大又反过来促进词汇量的扩大，二者是相辅相成的关系。另外，扩大阅读量还能够巩固语法知识，培养语感。但是，教师要注意选择题材广泛、难度适宜、生词量适宜、词汇重现率高的阅读材料。

（三）跨文化交际视角下大学英语阅读教学的方法

1. 就文化主题展开讨论

教师可以将英语文化分为若干细小的主题，定时组织全班学生针对特定的文化主题进行有秩序的讨论。既然是讨论，就不能流于形式，要保证所有学生都有效地参与，不能使一些学生受到冷落。所以，教师需要给予及时的监督、指导。经过讨论和头脑风暴，学生不断积累文化背景知识，并且可以有效解决某些跨文化交际问题。不同的文化主题，学生把握和讨论的难度不同。教师首先要确定一个合适的可以引起学生兴趣的主题，另外还要在整个讨论过程中处于支配和控制地位。随着讨论的主题数量的增多，学生掌握的文化背景知识也相应地增多。所以，教师应该循序渐进地增加文化主题的难度。

文化讨论法还有其他作用，具体如下：①渐渐增强学生获得更多文化背景知识的信心。只要学生认真思考、分析、得出结论，并在讨论中自由地表达自己的见解，都会体验到一种满足感，他们了解文化的信心也会增强。②提高学生的团队合作能力。讨论活动不能缺少规则的约束，否则就沦为闲谈。真正有效的实质性讨论建立在良好的讨论秩序的基础上，秩序是需要学生共同维护的，不仅如此，学生还要遵循既定的讨论规则。③锻炼学生的逻辑思维。面对一个话题，学生只有认真分析、思考，才能得出有说服力的结论。面对同一个文化主题，学生会形成不同的观点，提出不同的结论。通过不同结论的比较，学生自然而然地就发展了自己的逻辑思维能力。④发展学生的交际能力。在讨论中，语言表达是一个关键环节。讨论就是对话。只有将自己的思想用语言清晰地表达出来，对方才可以理解，进而给予适当的回应。思想在交际者之间来回传递，就是交际的过程。

2. 纠正学生不符合文化的言行

中国学生成长于中国文化中，母语文化是他们根深蒂固的文化思想。在母语学习的过程中，学生不仅获得了语言能力，还获得了社会文化能力。然而，他们也会无意识地用母语文化去理解其他文化中的现象，进而导致交际冲突。由于两种文化存在诸多差异，所以母语文化干扰会导致文化错误。

当学生和某种文化交流，表现出不符合某种文化环境的语言或行为时，教师要予以纠正，这种不符合文化环境的言行也是不得体的。因为不注意语法，而在日常交际中出现的语法错误，是语言表层的错误，交际者能够理解和谅解。如果交际者的口语流利，但是存在一些不得体的语言或者行为，交际对方通常就会感到反感。所以，教师要对学生的文化错误进行认真分析并纠正。

3. 在比较中加深文化的印象

两种异质的事物只有在对比中才可以清晰地展现出自己的特色。在阅读教学中，教师进行中西方文化对比，可以帮助学生加深对中西方文化的印象。教师在向学生讲解西方文化的同时，还要介绍学生所不知道的母语文化，培养学生的跨文化意识。只有将文化进行对比，才能了解在特定的文化中哪种语言和行为是合理的、哪种是不合理的。例如，英语中的 farmer 和 peasant 两个单词的字面意思虽然一样，但实质内涵却不同，因为二者在经济、文化地位上属于不同的阶层；汉语将这两个单词统一翻译为"农民"。

4. 通过文学艺术手段了解文化

当人们在物质世界中感到失落时，可以在文学艺术世界中得到精神的替代性满足。文学还可以帮助人们了解自然、社会、现实和人生，丰富人们的精神世界和生活经验。同时，文学和艺术都是文化的重要组成部分，文化的变化会体现在文学和艺术上面。文学艺术是作者在当时的时代背景和文化环境中创造的文化产品，是创作者和读者之间超越时间和空间的交流。文学艺术是人们了解文化的方式。

教师可以组织学生观看西方经典电影，或者欣赏英美文学经典著作，与此同时，精讲有助于欣赏文学的内容，激发学生的联想。学生不仅领略了精彩的文学艺术表现形式，还欣赏了激荡的故事情节，并且将文学欣赏和现实生活结合起来。

5. 引导学生以语块形式阅读

语块是语言中频繁出现的语言结构，由多个词组成。它的形式和意义比较固定、没什么变动，运用语境比较确定，在词汇和语法方面能够发挥一定的功能。语块具有三种特征：自主性，不同语块之间是相对独立的；稳定性，英语自然话语中有 80% 由各类板块结构组成，变化的灵活性相对较小；扩容性，语块具有相对完整的意义，不像单个词语那样孤立，已远远超出了词汇搭配的范围，扩大到句子甚至语篇的领域。语块理论认为，语块是英语的基本语言单位。

有些大学生感到语法、词汇及阅读技巧的掌握并没有明显提高阅读效率。外语学习者永远无法达到和本族语者同样的水平，因为本族语者的语言知识表现为语块，而不是分析性的语法规则。语言学习者若缺少足够的语块，语言能力就会受到局限。在英语阅读教学中运用语块理论，就是既改善输入又提高输出，以语块形式阅读可以提高阅读速度。

一方面，语块把多个有关联的小组块变成一个大组块，扩大了短时记忆的容量，减少了信息加工的时间，最终提高了阅读速度。另一方面，在快速浏览标题、首尾段以及各段首句时，有意识地注意语篇中不同功能的语块，也可以提高阅读速度。先浏览全文以对文章大意有一个大致的掌握，然后引导学生学习陌生语块以扫清障碍。学习陌生语块不仅是学习词汇本身，还学习语法结构和与其语境相关的语用功能。以语块形式阅读的语言，就会以语块形式进行整体理解，因而提高了阅读速度。

二、跨文化交际视角下的大学英语写作教学

（一）文化作用于大学英语写作

1. 主观与客观

一般来讲，中国人看待客观事物的方式是非理性的、直接的，用具体形象的手段来表达抽象的事物。中国人有着深厚的人本主义思想，把主体当成世界的核心，尊重人的主体意识。这种思维方式不仅体现在汉字的构成上，而且表现在写作中，就是汉语常用主动句、人称句，以有生命的词开头并以口号式、主观性的语言结尾。

西方人遵循从具体到一般的抽象思维方式，采用理性的方法去整理感性材料。这种思维方式体现在拼音文字或以音写义上，还体现在英语写作中。所以，英语写作习惯借助数据和事实证明自己的观点，英语写作常用被动句，多以无生命的词语开头，并且句子有着严密的结构和层次。

2. 保守与开拓

中华文化有着几千年的悠久历史，底蕴深厚。中庸和保守是典型的中国传统文化，所以中国人在进行汉语写作时常常借用古人的言论来证明自己的看法。在中国传统文化里，保守就是稳定和安全的，中国人因为历史轨迹的艰难曲折而对稳定和平有着特殊的向往，避免被贴上"标新立异"的标签。即使中国人获得了一个新观点，也会从历史中寻求精神依托。这种思维方式在写作中表现为中国人倾向于模仿写作套路并且引经据典。

西方文化崇尚民主、自由、平等、创新，因此他们获得了批判性、求异性的思维，并且敢于对前辈的观点进行质疑和创新。西方人害怕的就是千篇一律，欢迎的就是个性和独特性。因此在西方，逻辑推理比权威观点更有价值。这就导致西方人在写作中喜欢通过大量的事实和资料来使对方信服自己的论点，而很少使用老套的表达方式，害怕相同、重复。

3. 归纳型和分析型

"天人合一"是中国传统文化中的重要内容，中国人深深地扎根于传统文化中，所以形成了整体性思维。整体性思维表现在汉语写作中，就产生了汉语的归纳型句式，这种句

式融合内部的各种语义关系,然后建立一个意义整体。汉语句子注重"意合",也就是追求意义的完整。例如,在"吃就吃,不吃就走。"这句话中,没有使用关联词,却同样表示了假设和条件关系。另外,汉语句子遵循逻辑和时间的轨迹,将重点内容置于句子的末尾。汉语句子一般是先表述客观内容,然后自然地陈述主观内容,也就是先交代事情的脉络,然后提出结论。

西方传统哲学将世界与主体对立起来,西方人的思维深深地受到传统哲学的影响,因此在判断、推理和应用概念方面比较擅长,最终就形成了分析型思维方式。科学分析离不开形式逻辑,英语句子重视"形和",也就是英语句子讲求完备的形式,这就不得不借用各种有形的连接手段去保持语法的完整性。所以,英语中存在大量的表示衔接关系的连接词,并且有着极高的出现率。英语先描述主观内容,再描述与主观内容紧密相连的客观内容;先提出论点,再进行详细的陈述,最后描述其他内容。

(二)大学英语写作教学的目标

《大学英语课程教学要求》对大学阶段的英语写作教学也提出了一般、较高和更高三个层次的要求。

1. 一般要求

①能完成一般性写作任务。②能描述个人经历、观感、情感和发生的事件等。③能写常见的应用文。④能在半小时内就一般性话题或提纲写出不少于120词的短文,内容基本完整,中心思想明确,用词恰当,语意连贯。⑤能掌握基本的写作技能。

2. 较高要求

①能基本就一般性的主题表达个人观点。②能写所学专业论文的英文摘要。③能写所学专业的英语小论文。④能描述各种图表。⑤能在半小时内写出不少于160词的短文,内容完整、观点明确、条理清楚、语句通顺。

3. 更高要求

①能用英语撰写所学专业的简短的报告和论文。②能以书面形式比较自如地表达个人的观点。③能在半小时内写出不少于200词的说明文或议论文,思想表达清楚、内容丰富、文章结构清晰、逻辑性强。

(三)跨文化交际视角下大学英语写作教学的方法

1. 输入与输出的互补

输入和输出是英语学习的两种重要形式。"读"是语言输入的一种方式,而"写"是语言输出的一种方式。输入是输出的基础，所以读是写的基础。因此，教师在英语写作教学中要注重输入和输出的互补，使二者相得益彰。

"读"能够为"写"提供必要的语言材料，对学生的写作灵感给予理性的启迪。只有头脑中存储着写作的各种词汇、句子和衔接方式方面的素材，才能轻而易举地进行英语写作。各类体裁的阅读材料提供了许多功能各异的句子框架，这些素材的输入为英语写作奠定了坚实基础，加快了学生产出作文的速度和效率。另外，学生只有进行了大量的阅读，才能提高自己的英语语感，并不知不觉地养成英语思维习惯。在英语写作中，有些学生感觉某种表达方式非常自然、妥帖，但是说不出所以然，这就是语感给学生带来的效应。

2. 技巧的改善

英语写作技巧的改善是一个永恒的话题，教师应始终注重学生写作技巧的培养。大学英语写作教学具体可以从以下方面着手。

（1）构思方面

只有经过构思，作者才能对作文有一个整体的把握。构思是写作的基础，需要贯穿于文章写作的始终。构思的方式包括如下几种：第一是思绪成串式。学生用圆圈的形式将写作主题在纸上呈现出来，然后列出与主题有关的关键字，同样以圆圈的形式表现出来，并进行总结归纳，最后确定写作思路。第二是自由写作式。学生对作文题目展开自由而丰富的联想，然后及时记录自己的想法，并从中挑出有用信息展开写作。第三是五官启发式。学生的五官都会接收到一定的信息，学生需要整合这些信息，然后提炼出对写作有用的信息。

（2）开篇方面

好的开端就是成功的一半。开头是读者对作文的第一印象。第一印象往往给人的感受最深刻，并影响之后的看法。文章开头如果写得好，可以引人入胜，大大激发读者的阅读兴趣。常见的文章开篇方法包括以下六种：第一，名言名句导入式。谚语、格言富有深刻的哲理，用在开头可以有效吸引读者的目光。第二，故事导入式。在文章开篇将一个生动的故事娓娓道来，读者的抵抗力明显降低。第三，比较、对比导入式。人们在心里时常进行着对比，在开篇运用对比能够引起读者对结果的好奇心和深思，因此常用于对某种现象的突出和强调。第四，开门见山式。这种开篇方式常见于西方人的作文中，因为西方人多为直线型思维。开门见山的开篇方式爽快、直接，比较容易赢得好感。第五，问答导入式。这种开篇方式在于通过提问引起读者的好奇心，问答导入实际上就是自问自答。提问也是有技巧的，要多问人们急于知道的问题。第六，定义导入式。当文章要描述一个新的概念或事物时，可以在开篇就给出定义，这样读者就在开端打通了障碍，也比较好理解。

定义导入式常用于说明文或科普类文章。

（3）段落发展方面

在确定文章的框架之后，就要开始构思开头，然后紧接着就对段落进行展开。可以按照以下四种方式来展开段落：第一，按过程展开。这种段落展开方式适用于记叙文的写作，顺着事情发展的脉络逐步交代。第二，按时间展开。这种方法也常用于记叙文的写作。在叙事时，先发生的事情先写，后发生的事情后写。第三，按逻辑展开。文章的逻辑包含思路的流畅性，段落间的衔接，句子间的连贯等。在文章的逻辑中，关联词是一个非常重要的工具。它是一种衔接手段，使行文流畅，引导读者顺着作者的思路思考。第四，按空间展开。当描写一个地方或景物时，这种方式是一个可取的选择。它能够增加文章的错落感和整体感。

以上四种方法可以单独使用，也可以综合使用。以上四种段落展开方式的具体实施方法有多种，如类比法、因果法、事实数据法、拆开分析法、举例法、叙述法、描写法、反驳法、过程分析法、对比/比较法、分类法、重复法、列举法、定义法等。

（4）结尾方面

所谓善始善终，就是说结尾对一篇作文也有非常大的影响。结尾用于总结前文或者是内容的自然结果。常用的结尾方式主要有以下几种：第一，重申主题式结尾。在结尾处对文章的中心思想进行强调，使读者难以忘怀。第二，总结式结尾。在文章结尾处对全文进行总结，以揭示主题。第三，反问式结尾。这种结尾方式也可以用于强调文章主题，它能够起到增强语气的作用，并引人深思。第四，建议式结尾。这种方式主要就文章讨论的某种现象或问题，提出解决办法或者呼吁一种行动。第五，展望式结尾。在文章结尾表达一种愿望，可以达到鼓舞人心的目的。

3. 有效的模仿

中国学生由于习惯性的汉语思维方式，常常采用翻译式写作，即先用汉语思考，然后进行汉译英。这种方式降低了写作效率。

仿写就是解决这一问题的一种途径。通过仿写，学生可以积累写作素材，了解英语写作模式。

另一种解决途径就是运用语块来进行写作教学。本族语者存储的是各种情境下搭配的语块。一旦需要这些语块，就能直接提取，无须对一个个的单词进行加工处理、排列组合，这提高了语言输出的速度和质量。基于语块的写作教学包括两个层次。第一种层次是较低的层次，即进行汉英互译、语块替换、语块造句、运用语块复述课文等。第二种层次是较高的层次。教师可先将学生分成几个小组，然后组织学生讨论课文，教师应指导学生识别不同功能的预制语块,最后进行写作。这就可以节省从思维到词语再现整个认知过程中的努力,减少了临时的结构分析和组合,而主要聚焦于更大的语言单位和语篇结构的层面上。文章的起承转合都有相应的语块形式,这是学生可以选择的素材。对这些语块的熟悉,可以加快语篇组织的速度,加强语篇的条理性。

三、跨文化交际视角下的大学英语翻译教学

(一)文化作用于大学英语翻译

1. 文化作用于翻译过程

翻译在转换语言的过程中要考虑交际语境,交际语境就是文化因素。翻译的基础在于文化的共通性,任何文化之间都会有一定的重叠;翻译的难点在于文化的多样性,不同文化之间存有差异。

理解与表达充满了整个翻译过程,其中,理解是前提条件,对原文的理解是表达的前提,但翻译最终以表达呈现给读者。一篇文章将语言知识再现出来是必需的,另外还要再现特定社会条件下所形成的独特的文化信息,如风俗习惯、价值观等。因此,仅仅流于文字表面所传递的知识和信息,就无法获得原文的内在灵魂,译文也难以再现原文的神韵。但是,译者本身也是一个文化个体,他无意识地受到自身文化的影响,在翻译中仍会携带自身所处的文化,这种文化影响整个翻译过程。

2. 文化作用于翻译形式

文化在地位上也有着等级的区别,也就是有强势文化与弱势文化的区别。它会影响翻译进行的形式。毋庸置疑,文化背景影响着翻译什么样的作品、如何翻译,不得不提的是,强势文化也对此有着一定的作用。翻译是有目的的,强势和弱势文化在选材上就有差别,表现出显著的不平衡现象。例如,在历史上,罗马人征服希腊后,带着一种"胜利者"的心态,把希腊作品视为一种可以由他们任意宰割的"文学战利品"而对其进行随意翻译。

3. 文化翻译的基本要求

奈达把文化看作一个符号系统,指出文化在翻译中的地位与语言相当。从跨文化交际的角度来说,文化翻译的基本要求是再现源语文化特色和再现源语文化信息。

(1)再现源语文化特色

为了弘扬民族文化特色,增强人类文化的魅力和生命力,译者必须忠实地将源语文化展现在译语读者面前,使源语文化完整和统一。例如,百合花 lily 在西方人心目象征着贞

洁和高贵,而 paint the lily 这个短语字面意思为"为百合花上色",其内涵意义为"做吃力不讨好的事情"。在"While it may seem to be painting the lily, I should like to add somewhat to Mr. Alistair Cooke's excellent article."这句话中,如果只对词进行字面翻译,其意思为"阿利斯泰尔·库克先生的作品很好,但我还是要稍加几笔,而这似乎是给百合花上色"。这样的表达与原文中所要表达的内在含义相去甚远,译文意思不明确,没有将源语的内涵意义真正译出。在翻译时应充分考虑其文化内涵,可以将其译为"阿利斯泰尔·库克先生的作品很好,尽管是吃力不讨好的事情,但我还是要稍加几笔"就可以彰显其原意了。

(2)再现源语文化信息

翻译的过程实质上就是信息传递的过程。只有译者在翻译中深刻理解语言的文化内涵,并将其完整地呈现出来,才能使人们通过译文同样感受到与原文相同的内涵。因此,在文化翻译中不可只拘泥于原文中的字面意思。

例如:

It was Friday and soon they'd go out and get drunk.

对于上述句子的翻译,如果按其字面意思则为"星期五到了,他们马上就会出去喝得酩酊大醉。"这样的翻译虽然忠实且通顺,但目的语读者不明白为什么星期五到了人们就会出去买醉。很显然,这句话与目的语之间存在信息差,这导致了目的语读者看到该翻译后感到困惑。在英国,Friday 是发薪水的固定日期,所以到了这一天,人们领完工资之后就会出去大喝一场。译者在翻译时不妨将 Friday 具体化,加上其含有的文化信息,把这句话译为:"星期五发薪日子到了,他们马上就会出去喝得酩酊大醉。"如此一来,Friday 一词在特定的语境中所承载的文化信息被完整地传递和理解。

(二)大学英语翻译教学的目标

对于英语翻译教学的目标,《大学英语课程教学要求》做出了以下具体要求。

1. 一般要求

①能借助词典对题材熟悉的文章进行英译汉,译速为每小时约 300 个英语单词,译文基本传达原文的意义,无重大的理解和语言错误,符合中文表达习惯。②能借助词典对题材熟悉的文章进行汉译英,译速为每小时约 250 个汉字,译文基本传达原文的意义,无重大的理解和语言错误,符合英文表达习惯。③能借助词典将与专业相关的文章、介绍、提要、广告、产品说明书等翻译成汉语。

2. 较高要求

①能借助词典翻译英语国家一般报刊上题材熟悉的文章。英汉译速为每小时约 350 个

英语单词，译文通顺达意，理解和语言表达错误较少。②能借助词典对一般性题材的文章进行汉译英，译速为每小时约 300 个汉字，译文通顺达意，理解和表达错误较少。③能摘译所学专业的英语文献资料，译文符合中文表达习惯。④能使用适当的翻译技巧。

3. 更高要求

①能借助词典翻译所学专业的文献资料和英语国家报刊上有一定难度的科普、文化、评论等文章，英汉译速为每小时约 400 个英语单词，理解准确，基本无错译、漏译，译文流畅。②能将反映中国国情或文化的介绍性的文章译为英文，汉英译速为每小时约 350 个汉字，基本无错译、漏译，译文达意，符合英语表达习惯。

（三）跨文化交际视角下大学英语翻译教学的方法

1. 交际教学法

基于翻译的跨文化交际性质，交际教学法在翻译教学界开始流行起来。该方法指出，要想达到交际的目的，在向学生传授语言知识的同时，也传授相关的社会文化知识。交际教学法认为翻译教学活动要以学生为中心，注重学生的主体性。这不是说教师变成了可有可无的人，教师的作用在于帮助学生流畅地表达观点。交际教学法的具体步骤如下：首先，教师精心选择内容一致的源语和目标语文本材料，让学生对它们进行对比，并分析两种材料的语言差异和文化差异。其次，教师给学生布置有针对性的涉及文化的翻译练习，让学生在做练习的过程中培养文化意识和翻译能力。最后，在学生完成练习之后，教师要对学生的翻译作品给予认真的点评并讲授相关的文化知识。

2. 技巧强调法

翻译教学中的一个很重要的部分就是向学生传授翻译技巧，翻译技巧也是翻译能力的体现，主要的翻译技巧有直译、意译、释义、正译、反译和英汉同义。第一，直译法。就是保持原文的语言形式、风格以及意义不变的情况下，用另外一种语言表达。第二，意译法。就是为了用另外一种语言再现原文的意义和内容，而在语言形式上做出一些变动。第三，释义法。就是当原文中某个词语无法在译语中找到对等语，并且也无法使用其他翻译方法时，就对词语进行恰当的阐述。第四，正译法。就是当英语中的某些否定形式无法在汉语中找到对等形式，就将它翻译成肯定形式，以符合汉语的表达习惯。第五，反译法。为了使译文符合汉语的表达习惯，将原文中的肯定形式翻译成否定形式。第六，英汉同义法。因为汉英的"巧合"现象，即英语和汉语存在意义、形式上相同或相似的谚语，在这种情形下，为了忠实地再现原文意义和内容以及谚语的形式、结构，翻译时可以套用。

第四章　基于微课的大学英语教学模式

第一节　微课在大学英语教学中的应用

当微课游离于课堂之外，可以作为教学辅助，解决课堂无法解决的疑难。那么，如果要让微课进入课堂之内，它又该以什么样的形态出现？能够帮助课堂进行什么样的改善或提升？

一个答案是：替代。

在合理范围内，微课可以替代课堂的其中一个环节，比如课堂导入的设计，比如教学情境的创设等。而其视频的形式可以容纳的内容和呈现内容的方式，都可能令这些课堂环节比以前更为出彩，更有作用。

另一个答案是：开发。

微课拥有着许多的可能性。比如，它已经开始革新PPT的功能，利用微课的录屏方式，教师可以在PPT上直接进行教学演示。当下，微课所拥有的可能性中，大部分尚未被开发，这无疑是课堂的机遇。

一、微课不是PPT

首先，我们需要明确的是：微课不同于多媒体课件。

如今，课堂上最常用的辅助教学工具仍然是多媒体课件。在许多教师的认知中，微课的应用方式与PPT并无不同，这显然是一个谬误。

首先，多媒体课件是完整的，而微课是分解的。

多媒体教学总是贯穿于整个教学过程，暴露出的最大缺点是，师生很容易被课件牵着鼻子走，课件的目的性不明确，很难在关键时刻吸引学生的注意。微课在教学中的应用则避免了这一缺陷，它能够将一整堂课分解成一个个短小的微课，教师可以针对某一知识点选择某一微课进行教学，从而进行针对性的重难点突破，师生也不必整堂课都被多媒体

"绑架"。

此外，尤为重要的是，微课不受时间、空间的限制。对于重点、难点或疑点，学生在课堂上即使理解了，也同样需要进一步消化的过程。微课可以在电脑、手机、平板等任何移动设备上播放，学生可以自行下载，自主学习，不必再将问题积压到课堂上。

二、课前预习：鱼翔浅底，八方联系

对于课前预习，教师时时耳提面命，学生却常常三心二意。因为很多时候，学生并不知道怎么去预习，多半是翻翻课本、做做练习，便当作完成。

预习到底要做什么？

新知识与旧知识之间永远存在千丝万缕的联系，循序渐进才是学习的不二法门。预习的意义在于完善循序渐进的过程，不仅要对新内容有所了解，而且要巩固那些与新知识有关的已学知识。

从这个角度出发，微课能够帮助学生更有目的性地进行课前预习。教师可以在微课中指出知识点之间的联系，并指出这些互有关联的知识点分别分布于何处，对于较为重要或学习时间较为久远的内容也可进行适当的回顾和讲解，起到复习巩固的作用。例如，教师可以将新知识所涉及的知识点、核心概念绘制成基于微课的大学英语教学模式分析与研究的概念图，配以讲解制成微课，让学生观看，使学生加深对概念的理解。

新课导入与课前预习是密不可分的。如果课前预习完成得好，那么在做新课导入时，教师就可以不必再花时间重新回顾新课所涉及的旧知识点，而将精力集中在如何激发学生的兴趣之上。

三、课堂导入：酝酿更多的选择

（一）情境式导入

课堂导入重在引发学生的探索兴趣和情感共鸣，顺利进入课堂的学习情境。情境式导入是最常用的方法。在这个方面，微课有着天然的优势。微课中可以融入常见的生活现象和社会热点话题，教师可以利用学生熟悉的广告、新闻、趣事等素材，运用音乐、歌曲、图片、动画等不同形式制作微课，使学生在对本堂课的知识点有所了解的同时，也被扣住心弦，产生好奇和求知欲，从而收到很好的导入效果。

（二）方法式导入

导学案已经成为课堂导入最常见的形式。传统的导学案往往涉及对新课内容的预习，教师通常会设计一些与教学内容相关的作业,让学生完成,从而起到课前的"导学"作用。但是,这样的导学案却很少体现学科的工具性,即本堂课需要用到的学习方法。一般情况下,只有在讲解到相应知识点时,教师才会教给学生需要用到的方法,比如如何使用圆规、如何画抛物线、如何在课本上做批注,等等。

在愈来愈强调自主学习的课堂上,学生自主探索、思考、讨论的环节越来越多,但是,如果学生不能事先掌握自主学习可能用到的小方法,那么自主学习也就无法顺利进行。所以,事先让学生熟悉当堂所需的学习方法,不是使课堂更加顺利吗?

现在,有的老师已经开始利用微课对导学案进行更新,就新授课需要掌握的方法对学生进行课前指导,让学生掌握自学的方法。

在具体实施的过程中,教师先让学生进行自我探索自我尝试。基础好的学生固然能较好地完成这一任务,可基础较差的学生却常常不能找准关键字词,以至于在书本上涂涂改改,反而影响了文本阅读的清晰感。而若利用"微课"作为导学案,就能起到事半功倍的效果。

教师可以任意选取一段课外文本,事先为学生提供阅读方法指导,即将阅读方法指导过程录制在微课中,学生通过观看微课,自学这一阅读方法。

自学的反馈则通过微课布置的练习来体现,如:出示课文中的一段文本,让学生利用微课介绍的方法,完成文本的阅读及理解。

这样一来,学生在之后的自主学习阶段就有更多的时间思考,而不是将宝贵的课堂时间浪费在阅读方法的实验上。学生不仅能更好地理解和掌握这一阅读方法,还能充分利用课堂时间进行方法巩固。

四、重难点分析:借微课之锋,破疑难困局

重难点知识的理解是课堂的关键环节,也是"教"与"学"最易遭遇挫折的地方。此时,教师可以借助微课设置情境,突破重点、分散难点、提示易错易混点、提醒知识冷点。在微课的帮助下,教师能有余力掌握教学力度,并能利用课堂的宝贵时机,从旁观者的角度观察学生。

这是一种插播式的教学方式,教师在课堂讲授的过程中,适时插播微课,辅助重难点教学。尤其是,对于用口授的方式无法解释清楚的内容,或通常条件下很难演示和不易观察的现象,或教师觉得自己讲解得不够清楚和到位的地方……都可以有计划地运用"插播微课"的方式。

微课播放的过程中,教师要随时观察学生的学习反应,一方面适时调控学生的课堂学

习节奏,一方面发现并归纳出学生的学习特征,比如哪些知识容易造成学习障碍、哪种形式的讲解最能吸引学生的注意……以便把握学生的学习进度和能力现状。

五、课堂小结、作业练习、复习资源

当一堂课快要结束时,学生往往已经注意力不够集中,教师适时使用微课可以唤醒学生注意力,整理思绪。小结性微课重在明确本堂课的学习目标和任务,弄清教学重难点,归纳知识点,构建知识体系,并为之后的学习内容做出铺垫。几分钟的微课也有助于节约课堂最后的宝贵时间,使教师和学生都更加从容。

此外,无论是当堂练习还是课后练习,都可以制作成微课的形式。微课的练习应当尽量少而精,也可以是情境式的开放性练习。

复习资源有两种序列,一是教师将每一次制作的微课按序列上传至网络或学校资源库,供学生在有需要时随时回顾,二是针对单元、章节专门制作复习微课,两者结合,就构成了完整的复习资源。

第二节 微课的教学模式

一、基于微课的混合教学模式

(一)课前导学与自学阶段

学生在该阶段主要完成对教学单元主题和知识点的初步认识和理解。一方面,教师需要准备充分的教学素材,如线上教学的视频和词汇作业、线下教学的单元内容和新闻素材、微型资源的建设、教学目标的制定、作业和任务的发布等。另一方面,学生需要在自学教学素材的基础上提出问题,并将学习的情况反馈给教师。

(二)课中教与学阶段

该阶段不仅需要教师的课堂传授,也需要学生积极地参与学习,主要的环节包括课堂测验、教师点拨、任务操练、学生讨论等。教师不仅需要测试学生对在线内容的学习效果,特别是检查学生对单元词汇等知识的掌握情况,还需要充分利用课堂宝贵的时间引入新闻的学习。测试完毕后,教师需要对重难点进行概括和梳理,帮助学生深度理解和掌握

所学的知识。任务操练主要针对知识难点、知识运用和教学新内容而设定。教师需根据学生学习特点，通过案例分析、小组合作、抢答竞赛等各种任务型学习方法完成对所学知识和难点知识的内化过程。

（三）课后的延伸与拓展阶段

该阶段仍需依托网络教学平台协助完成。教师除了在课堂给学生布置拓展学习任务，让学生学会知识的应用能力，还要在平台上继续监督学生完成在线反馈和讨论，并下发新一轮的学习任务。在生生互动、师生交流的基础上，教师做最终的教学总结和反馈。

（四）教学评估

教学评价是根据教学原则和教学目的，利用一切切实可行的评价方法及技术对教学过程及其预期的效果给予价值上的判断，以提供信息、改进教学和对被评价对象做出某种资格证明。目前，很多高校为了更好地促进课程建设与全面发展，积极推进课程评价与测试体系的开发和实施。大学英语作为一门教育部指定的高校公共基础课，在课程设计、教学方法和手段、教学内容、评价与测试、教学管理、教师发展等各个方面的研究和实践也与日俱增。教学评价除强调对学生综合能力及教学体系的全面考查外，还重视评估结果对学生、教师以及其他相关者的反拨作用。教师通常会使用形成性评估和终结性评估来考查学生对所学内容的掌握情况。形成性评估一般是在教学开展的过程中进行，且关注学习者取得的任何进步和发展，而终结性评估则在教学结束后进行，注重最后的成绩。可以说，过程性评估对教师和课程设计者非常重要，因为教师可以不断获得教学反馈，并根据教学反馈及时对教学做出相应的调整。对混合式教学模式下的学习过程，考核以形成性评估为主，鼓励学生加强平时的任务型学习，积极参与课堂的教学活动，努力提高语言的应用能力。在进行形成性考核时可灵活地将考核内容和比例做出相应的调整。

二、基于微课的翻转课堂的教学模式

知识转移和知识内化是传统教学过程的两个主要阶段。教师通过课堂知识教学实现知识转移，学生通过课后作业实践和操作实践完成知识内化。这种传统的形式在翻转教室被颠覆了。在信息技术和网络技术的支持下，学生在课前自行完成知识转移，在教师和同学的帮助下，知识在课堂内内化。随着教学安排与传统教学的完全颠倒，翻转课堂的教学过程也与传统教学的完全颠倒。

在典型的翻转课堂教学模式中，学前活动和课堂活动是主要部分，但这两个部分并没有被翻转课堂教学模式分开。每个部分包含特定的实现链接。前者的活动和课堂活动相互联系，形成了一个完整顺畅的教学模式。

（一）创建教学视频

在课前活动中，教师首先要创建教学视频，供学生独立学习。教师可以通过两种方式创建教学视频：选择开放、优秀的在线教育资源或者创建教学内容的教学视频。教师为教学内容创建教学视频更为常见。在制作教学视频的过程中，教师应首先关注视频内容的相关性，充分结合教学内容和教学目标。其次，教师在创作教学视频时应充分考虑学生的实际情况。同时，教学视频的长度不应太长。控制在大约10分钟的视频可以帮助学生保持注意力。最后，为了提高学生的积极性和互动性，教师可以将自己的教学动态化身嵌入教学视频，增强互动性，增添视觉效果。突出知识点并增加兴趣。

（二）设计课前练习

对于教学视频中涉及的知识点的内容，教师需要根据学生现有的知识积累和认知结构设计相应的课前练习。作为了解学生课前自学的情况，问题的设计应合理控制数量和难度，以达到强化知识点的目的，增加学生观看视频学习的动力和挑战。

（三）学生自主学习

学生可以在课前观看教学视频独立学习，并可以根据自己的情况掌握教学视频的节奏和时间。在传统的教学模式中，知识点由教师在课堂上教授。学生可能会错过知识点或通过教师的解释无法完全理解知识点。在翻转课堂模式中，学生可以反复观看来解决这个问题。与此同时，对于困难的部分，学生可以选择暂停，有足够的时间思考，以便在课堂上与同龄人交流。在观看教学视频时，学生完成教学视频内容的相应练习，加强学习内容的整合。

（四）社交媒体交流

在自学过程中，学生不是完全孤立的，教师和学生之间的交流也可以通过社交媒体进行。在家里，学生可以通过学习平台上的社交工具与教师和同学互动，探索在自学过程中或在完成课程之前遇到的问题。通过这种方式，教师还可以跟踪学生的学习情况，收集学生在自己学习中遇到的问题，并将大多数学生遇到的典型问题作为课堂协作的问题。利用社交媒体进行自主学习交流可以在社交存在感中发挥作用，增强学生的归属感和凝聚力。

虽然这个过程由学生独立完成，但学生不会感到孤独。

（五）自主学习成果检测

在翻转课堂课中环节，教师首先对学生自主学习的情况做简单快速检测。通常可通过口头提问的形式对学生的课前学习情况做简单了解，同时结合学生所完成的课前学习练习，确定学生在自主学习过程中未能得到解决并且需要提出来共同探讨的问题。教师也可根据教学内容的重难点向学生提出问题，通过这种方式了解学生情况，让学生进入学习状态。

（六）教学评价与反馈

由于翻转课堂教学模式颠覆了传统的教学模式，其特殊性决定了评价体制的变化，评价主体、评价内容、评价方法等都与传统教学模式下的评价体制不同。首先，教师不再是唯一的评价主体，学习者、同伴甚至家长也成为评价的主体；其次，评价内容变得多样化，课前练习成绩、独立解决问题的表现、小组协作探究活动中的表现、成果展示环节的表现都可成为评价的内容，而不仅限于检测的成绩；教师可通过习题检测、课堂观察、同伴互评等方式对翻转课堂学生学习情况进行全面的评价，并将这些反馈的评价结果作为制订下一步教学计划的参考依据。

三、基于微课的自主学习模式

在20世纪后期，人类在电子信息、新材料、新能源、生物和空间等高新技术领域取得了一系列重大突破和进展。这些重大科学技术成就的产业化是人类社会迈向知识经济时代的重要物质技术基础。高新技术的不断扩展及其在企业中高频率的使用，使得越来越多的工作岗位需要具有更高知识与技术水平的专业人员，这一发展趋势将进一步导致整个经济活动中人才技术水平要求的相应提高与全面升级。在知识经济时代，知识更新的周期将会进一步缩短，知识储存和传播的手段在时间和空间上也将发生深刻的变化，这又将导致工作领域处于持续而且越来越快的变化之中。这些变化对人才的适应性、灵活性提出了更高的要求，需要个体在一生中能够持续不断地学习和开发自己的潜能，以适应时代发展的要求。知识经济在发展过程中对人才素质和创新能力提出的这些新要求，要求我们的高等教育必须更加重视大学生自主学习能力的培养，着力于提高大学生的学习素质。因此外语教学也应致力于培养独立、自主、有效的学习者。所以外语教师必须在自主学习理论的指导下，探索营造大学英语自主学习的氛围和教育环境，为学生自主学习能力的提高创造条件。

（一）自主学习的定义

"自主学习"这个概念在 20 世纪已经被教育学家提出，但是没能给出一个明确的概念。许多研究者从不同的角度对自主学习都进行了研究，并从不同的方面给自主学习进行了界定。因而对自主学习到底是什么还存在广泛的争议。但自主学习作为语言教学和语言学习的一种方式，指的是学习者应该对自己的学习负责，能够管理自己的学习行为，包括明确学习目标，制订学习计划，选择适当的学习方式，评估和管理自己的学习，对自己的学习负责。

（二）自主学习的理论基础

"自主学习"这个概念是建立在一定理论基础之上的，为自主学习提供理论支撑的主要有人本主义理论、建构主义理论和认知学习理论。

1. 人本主义教育理论

人本主义探索了完整的人的培养。它强调学生的发展，突出学生的主体地位。其教育理念是尊重个人的感受和需求，强调学习具有真正的个人意义。个人有意义的学习包括四个要素：①学习是个人参与、个人投入，包括情感和认知方面；②学习是自我发起的，学生发现、获取、掌握和理解知识；③学习是渗透性的，学习改变了学生的行为和态度，甚至是个性；④学习是自我评估，学生最了解学习是否满足他们的需求、是否回答他们的问题。这表明人本主义是动员学生的积极性和主动性，促进学生探索和积极发展。

2. 建构主义教育理论

建构主义是一种认识论。建构主义理论有许多分支，但最具影响力的是认知建构主义和社会建构主义。这里讨论的是认知建构主义。建构主义的重要原则是学习是学习者的积极知识建构，通过新知识学习与原始知识和经验的互动来实现，而不是简单地从外到内输入信息。具体而言，学习者基于原始知识或经验建立知识并增强对新知识的理解。学习者的背景不同，他们将在教师和其他人的帮助下，通过他们独特的知识背景和信息处理活动，从不同的背景和观点构建自己的新信息含义。可以看出，建构主义强调学习者的积极建构。这种建构既包括学习者对新信息含义的构建，也包括对其原始经验的转换和重组。学习者获得的知识量取决于学习者基于原始经验、心理结构和信念构建知识的能力，而不依赖于学习者的记忆和背诵教师内容的能力。在建构主义教学模式下，学生利用教师或其他人的帮助，运用情境、协作、对话等学习环境的元素，充分发挥学生的积极性和主动性，最终实现学生的意识构建。

3. 认知学习理论

认知学习理论强调需要加强对学生认知过程和学生思维认知结构的研究。该理论认为学生的学习过程是一个积极的参与过程。他们可以有选择地吸收信息，做出假设、比较和解释，重建信息的意义，将新信息整合到已知知识中，并大胆地使用语言进行交流。学生心灵中认知结构的变化是根本性的。通过学生的积极发现促进认知结构的变化。外语学习的过程是新旧语言知识不断融合的过程，这种组合和转化最终取决于学习者的主观能动性和参与性。

可以看出，人本主义、建构主义和认知学习理论都遵循"以学习者为中心"的原则，这是基于学习者的自主性和培养自学能力的目标。

（三）自主学习的特征

1. 能动性

自主学习与其他形式的学习不同。这是学生积极、有意识地参与和管理的学习活动，而不是在外界的压力和要求下被动地参与学习活动。管理自己的学习活动、有意识地参与学习活动和自我调节学习的最基本要求是主观能动性。

2. 独立性

独立性相对于依赖性。自主学习把学习建立在人的独立性的一面上，而非自愿学习把学习建立在人的依赖性的一面上。自主学习要求学生在学习的各个方面和整个过程中尽可能摆脱对教师或他人的依赖，由自己做出选择和控制，独立地开展学习活动。

3. 有效性

由于自主学习的出发点和目的是尽可能协调学习系统中各种因素的功能，使其能够发挥最佳效果，从某种意义上讲，自学是采取各种控制措施来实现的。一般来说，学习自主程度越高，学习过程越优化，学习效果越好。

4. 相对性

自主学习并不是绝对的。实际上，绝对自主学习或绝对的非自愿学习较少，大多数学生的学习都在这两极之间。换句话说，他们的学习在某些方面可能是自主的，而在其他方面则是非自愿的。这是因为，就学生而言，他们学习的许多方面，如学习时间、学习内容等都不能完全由他们自己决定，也不能完全摆脱他们对教师的依赖。因此，我们不能简单地将他们的学习分为自主或非自愿，而应该从现实出发，区分他们学习的哪些方面是自主的，哪些方面是非自愿的。只有这样，我们才能教育和培养学生学习不同方面的独立

(四) 关于自主学习能力的获得

首先是观察阶段。在这个阶段,学生在角色模型的指导和鼓励下观察学习策略的使用。通过观察学习的例子,许多学生可以总结他们学习策略的主要特征,但是为了将这些学习技能完全整合到他们的认知结构中,大多数学生需要实践练习。在实践中,如果角色模型可以提供指导、反馈和社会强化,那么练习的准确性将得到提高。

其次是模仿阶段。当学生的外部学习表现接近于角色模型表现的一般形式时,学习达到了模仿的水平。此时,学生不再复制学习成绩的例子,而是模仿角色模型学习的一般模式或风格。例如,他们可以模仿示例提出的问题类型,而不是模仿示例的原始单词。

再次是自我控制的阶段。当学生面对学习转移任务并可以独立使用学习策略时,学习进入自我控制阶段。在这个阶段,学习策略的应用已经内化,学习不需要直接依赖于角色模型的演示,而是受制于角色模型的表征标准和自我强化过程。

最后一个是自治阶段。在这个学习阶段的学生可以有意识地使用学习策略,根据情境特征调整他们的学习,由目标和自我效能驱动得到结果;在没有角色模型指导的情况下,学生也知道何时应用特定的学习策略,并自主转变策略的特征。因此,在获得自学能力的过程中,学习模式起着极其重要的作用。

学生也可以通过观察他人的学习来获得一定的自学能力。通过观察,少数学生可以模仿一些有效的独立学习形式。获得自学技能的第三种方法是学生自己设计和实施的学习实验。在这种实验中,学生还可以通过尝试错误的过程来探索一些有效的自主学习形式。学习的试错过程有两种形式。一种形式是只有一个目标,没有计划。这是一个随机的尝试错误过程,对探索自主学习的形式没什么意义。第二种形式既有目标,也有系统的计划。在这种试错过程中,误差可以作为校正学习信息来指导后续的试验过程,因此是一种科学的发现方法。由于学生可以在任何研究中进行自主学习的探索实验,也可以说到处都可以获得自学能力。

第三节 微课对于大学英语教学的影响和意义

一、微课的"困局"

微课的现状如何?世界范围内如火如荼,行政层面上大力倡导;学界人士各执一词,争议不断;一线教师如堕迷雾,无所适从。

微课，是又掉下的一只靴子，还是未来的教育常态？一路走来，这个疑问始终伴随着微课的发展。如何破解？唯有直面质疑，看见争议，细致观察，层层剖析。

（一）是教育创新，还是功利驱使？

微课很"火"。

近年来，微课一直受到一线教师的"热捧"。然而这份"热捧"背后，却摆脱不了诸多功利因素。例如，比赛。

在行政层面的大力倡导之下，各级各部门、各学校纷纷举办微课比赛，老师们出于各种原因，也积极投身于微课开发当中。但是，看似热烈的场面中，却有一个不可忽略的事实：教师制作的大部分微课并没有应用于教学实践，而只是作为参赛作品，用于竞赛评奖。这无疑道出了真相。

当教师只是把微课当作竞赛评奖的工具时，他们更多考虑的是大赛的要求和评委的态度，把"评委更青睐哪些处理方式"作为标准，而不是把"让学生获得更好的学习体验"放在第一位。

在微课的形式上，大部分老师高举"拿来主义"，往往选择较为简便的 PPT 录屏方式，以便直接套用原来在课堂上使用的多媒体课件，不去考虑微课与 PPT 授课之间本质的不同。可见，许多教师并没有真正理解"微课是什么"，也不曾认真地思考微课能够怎样帮助学生改善学习。在微课的内容上，老师们也更关注专家提及的热门知识点，而不是从日常学习中影响学生进步的难点出发。以教育部主办的中国微课比赛为例，不同学科、不同主题的微课五花八门，但成系列的微课数量却极少。不同学科、甚至同一学科的各个微课孤立地存在，知识被零碎地割裂，却无法连成整体。于是，微课作品就真的只是作品而已。

不少一线教师表达了他们的观点：制作微课只是为了应付学校的要求；并不认为微课真的能够帮助学生更好地学习；平时教学工作很忙，没有时间花在微课的制作与使用上……

当微课远离真正的学生受众，当微课不在教学中实践、不在学生的反馈中改进，那么微课的实效性定然堪忧，与时俱进、课堂创新也不过是一句口号而已。

如何让教师真正地理解微课？如何避免微课发展的功利化？光靠行政引导和竞赛激励显然是不够的。这也引发出另一个疑问：发展微课究竟应该自上而下，还是自下而上？

（二）是自下而上，还是自上而下？

由于中外教育土壤的不同，微课的走向也呈现出不同的态势，如果说国外的微课进程大多是学校、教师的自发行为，是一种公益性的尝试，是学习活动的辅助和点缀，那么当微课进入中国的课堂，则更具变革的意味。但无法否认的是，目前，挟雷霆之势而来的微课确然开始陷入瓶颈，无法深入腹地。

到底是应该自上而下，动用教育行政的力量将微课大范围地进行覆盖？还是应该自下而上，由一线教师和互联网教育先锋摸索出最适合中国现状的微课模式？现在的情势是两者并行，但各有弊端。

一种是依靠行政的力量，为微课大开方便之门，激发更多人参与其中。但微课也因此与课堂教学、学习效率、成绩提高等各种指标紧紧拴在了一起。各地的教育根基本就不同，权威又尚未有定论。于是，今天这个地方挖掘了一个典型，明天那个地方创新了一个模式，你来我往纷纷扰扰，难免令人眼花缭乱、无所适从。

另一种则是由互联网创业群体牵头，召集一线教师进行微课录制，建立在线学习的一站式服务。微课网、凤凰微课、网易云课程……大鳄小虾纷纷抢占市场，但至今都不曾出现一个像可汗学院一样具备影响力的微课平台。为什么？不是因为资金缺口，也不是因为教师水平，而是商业的逐利与教育的变革始终存在冲突。

（三）是教学变革，还是一厢情愿？

在考试招生的指挥棒下，教育领域的变革一直在分数和素质之间摇摆不定，这也导致了"明明是积极的教学变革，却反而加重师生的负担"。

以翻转课堂为例，许多领域的专家并不看好翻转课堂的实施。他们为何如此不看好？

因为教师在实践的过程中，始终不能摆脱成绩的束缚。翻转课堂的基础是优质的微课。但在微课的制作过程中，许多老师不是把课堂40分钟的讲解浓缩成10分钟的微课精华，而是对40分钟进行切割，讲解时依旧巨细靡遗，生怕漏了什么。于是，学生自己观看微课与坐在教室听老师讲课并无二致，不过换了个形式。这样的微课用于翻转课堂，必然增加学生的额外负担。与此同时，出于对课堂翻转的疑虑，老师们担心影响学生的成绩，故而本该在课堂上解决完毕的课后作业，半点也不曾减少。最终造成学生"课前过度预习，课后作业依旧"，显然与翻转课堂的本意背道而驰了。

二、微课的影响和意义

这是变革的时代。课堂与教学的变革顺应着时代的大方向，顺应着未来社会对人才的要求。从这一角度出发，学校教育可以说是社会的"服务器"和"助推器"。

然而，教育终究有自己的精神——在与社会密切联系的同时，能保持独立自由，不被各种价值所同化，不受制于社会上的各种利益群体。

因此，微课及其所需的技术元素，必须牢牢掌握在教师和学生手中；微课引领的课堂新革命，必须扎根学校，回归教育和人本身。

（一）真正立足一线

面对各式各样的课堂改革、教学改革，一位校长这样感慨：任何的教学改革都必须立足于一线教师的想法，如果离开一线教师去抓所谓改革、所谓高效，那是会抓落空的。

作为一次不同于以往的、结合了诸多技术元素的、时代性的课堂变革，微课显然更需要民间教育社群的力量，需要一线教师的理解和支持。因为，即使是帮助学生自主学习的微课，也需要教师对技术的熟练应用和相应的教学敏感度；即使是以学生自主解决问题为主的翻转课堂，也离不开教师深入浅出、形象生动的引导。

然而目前，课改的阻力不少正是来自一线教师，与信息技术挂钩的微课变革尤其如此。

以微课为标志的"全民学习时代"正在引发一场革命，这场革命不只将改变学校的课堂与教学，更是对整个教育生态的创新。创新意味着尝试，尝试的过程必然成功与失败并存。如若禁锢了教师"失败"的权利，那么"成功"也将无出头之日。所以，我们常常过分强调的、已然偏向功利性质的"实用主义"，是时候丢弃了。因为所谓"实用"，有时也非真正的实用，而是指现有条件和环境下对自己最有利的运用方式。竞赛，固然能令微课继续扩散发热，但同时也造成了功利氛围的蔓延。创新，不应造成一种局限，使教师局限于奖项荣誉和主流期待。当然，除了呼吁教育系统改革力度的加大，盼望看得见的未来再近些，教师也需要重新审视自身的潜能，将其真正地激发出来。

任何时候，教师都是教育的核心力量。在"以学生为本"的同时，我们也应该把"以教师为本"放在同样的位置。这表示：尊重一线教师的想法，保护他们的激情，提供宽松的发展环境，鼓励教师从教学实际中发现、创新、实验、实践。

在微课引领的课堂变革中，从制作、应用到平台的打造，都必须依靠一线教师的教育经验和教学智慧。只有汇集优秀的教师资源，才能令这场变革真正来到老师和学生的身边，而不只是高高在上的口号；也才能做到真正超越传统教育。

（二）微课不是万能的

教育领域始终存在夸大其词的风险。没有哪一种变革能够一蹴而就，也没有哪一种形式可以放诸四海皆准。

同样，微课也不是万能的。

我们承认微课的优势，正如胡铁生所说，"对教师而言，微课将革新传统的教学与教研方式，突破教师传统的听评课模式，教师的电子备课、课堂教学和课后反思的资源应用将更具有针对性和实效性"；微课也能更好地满足学生"对不同学科知识点的个性化学习、按需选择学习，既可查缺补漏又能强化巩固知识，是传统课堂学习的一种重要补充和拓展资源。特别是随着手持移动数码产品和无线网络的普及，基于微课的移动学习、远程学习、在线学习、泛在学习将会越来越普及，微课必将成为一种新型的教学模式和学习方式"。

但我们也应该看到，微课在世界，尤其在中国，仍处于探索阶段，必然存在不完善的地方。

微课不可能适用于所有的课程。对于那些基础的、以介绍某个简单的核心概念为主的课程而言，也许它更为适合；而对于复杂的教学内容而言，它也许并不适合。

微课可以作为课堂教学的辅助，可以作为课后的复习资源，可以帮助学生更好地完成课前预习；但是，利用微课"颠覆"传统课堂是否能够普遍推广，对于建立在微课基础之上的翻转课堂能否辨清利弊，尚有待进一步的实践与检验。

微课不是万能的。应该说，真正能够发挥作用的不是微课，而是教育通过微课所传授的内容、所设计的形式、所应用的方式以及所启迪的智慧。

微课不是万能的。它为学习和教学提供了新的选择，它把教育和时代联结起来，但它最终的功效与未来的走势，却仍需要整个教育社群的探索与尝试；要看教师的领悟、制作、使用与引导。

微课不是万能的。它是对传统课堂的辅助与重塑，是对教育观念的升华与重构，但绝非简单粗暴的取代与颠覆。

微课不是万能的。因为任何一种创新若在教育中被奉为圭臬，它就已经走向了僵化、教条和守旧。

微课不是万能的。教育可以因它而更加完善，却不会因它而坍塌，更不会凭它而建立。因为教育的精神与初衷始终如一，从未改变。

（三）观念引领——传统与现代的融通

有人说，这是一个无边界的时代，人与人之间、物与物之间、行业与行业之间，彼此的边界正在渐渐淡化。

那么，如何在一个无边界的时代守住一些传统、一些界限、一些不被技术革命的浪潮冲走的东西？

有人说，今后的教育、今后的课堂，必须要由有互联网基因的人来操作，如果有教育基因那就更好。但是，只有教育基因的人是不可以的，因为单单从事教育的人往往抱残守缺，因循守旧，不能以新的眼光来看待事物。

那么，作为教育人，如何应对这样的质疑？如何在技术与教育之间找到一个平衡点，让互联网和信息技术真正为教学所用？

有一种观念可以成为引领：传统与现代的融通——守住传统的精神，融合现代的理念，用技术解决传统课堂的痼疾，让学生在课堂上学会独立自主，让教师重新发现自己的价值。

交流问题，无论是师生还是学生之间的交流，只是教育的一大短板。随着科技的日益发达，移动设备更新换代，人与人之间的交流却愈发壁障重重。在这样的背景下，信息技术与教育的结合也在试图重塑交流的意义。微课在电子设备上的使用，将帮助学生发现科技和互联网的另一种趣味，让学习因不一样的交流方式而散发前所未有的魅力。通过微课所进行的自主学习，也会使学生和老师更好地利用课堂时间，变单方面的自说自话为有针对性的互动交流，把更多的时间用于解决问题，而非解释问题。

技术与教育产生的化学反应，使微课能够帮助学生在学习中学会交流，帮助教师发现交流的价值和方式。因为有了交流的空间，才会有提问、质疑、对话、辩论，也才会有好奇、探索、挑战和真理。

技术引发的教育变革不仅仅是中国的难题，培养了诸多诺贝尔奖得主和创新人才的以色列，同样面临着传统与现代的矛盾。

谁也无法断言，微课一定会长久地走下去。但我们可以确定的是：以微课为代表的自由、自主的学习模式必定就是教育的未来。目前，游戏化学习已经开始崭露头角，这些突破时空限制、充分尊重人的选择、最大限度激发人的自主性的学习方式，开始逐渐担当重要的角色。

所以，教育必须抓住微课的契机，在微课的摸索和践行过程中，转变观念和态度，迎接已经到来的、由技术掀起的这场轰轰烈烈的教育变革。

教育的宗旨不会改变，但随着人类的进步和发展，实现教育宗旨的道路将被无限扩大，四通八达。

第五章　信息技术与大学英语课程整合的教学模式

第一节　信息技术与课程整合的理论与方法

一、信息技术与课程整合的目标与内涵

（一）信息技术与课程整合的目标

信息技术与课程整合不仅仅是为了辅助教学，更重要的是为学生打造一种良好的教学环境，帮助学生掌握更多的知识与技能，帮助教师更好地完成教学任务。它既可以体现教师的主导作用，又可以突出学生的主体地位，实现教与学的新突破，将学生的潜力最大限度地挖掘出来，改变传统的教学模式。

从本质上讲，教学模式的改变就是师生地位的改变，使学生的各种能力得到开发与培养，实现高校的素质教育的真正目的，实现整合信息技术与课程整合的目标，为国家培养出更多的人才。

由于信息技术与课程整合是在西方发达国家开始的，因此西方发达国家也将此看作是21世纪人才培养的重要内容。21世纪的人才培养核心就是培养创新与合作精神，但是也不能忽视信息技术与课程整合所要达到的重要目标。

（二）信息技术与课程整合的内涵

其实这一定义可以这样理解，将信息技术有效地注入各个学科的教学过程中，营造一种现代化的教学氛围，既要保留教师的主导作用，又要突出学生的主体地位，积极挖掘学生的各种潜力，改变以往的教学模式，充分体现学生的创新能力与实践应用能力。根据上述的定义我们可以推断出，信息技术与课程整合的三个基本特征：①创设新型教学环境；

②实施新的教与学的方式；③改革传统的教学模式。

构建新的教学环境就是为了实行新的教学方式，消除以往传统教学模式的弊端，实现对学生的培养，使学生具备各种能力。教学模式的一次次改变，就是为了消除以往的弊端。

教学环境的内涵比较丰富，教学过程中除去主体以外的因素都属于教学环境的范围，因此，对信息技术的定义就是在教育领域这一范围内的，以计算机为主的信息技术只是一种工具。

纵观全球教育的发展趋势，信息技术教育应用已经迈入了第三个发展阶段，信息技术也不再单纯只是一种辅助教学的工具，而是一种辅助建立新型教学环境的教与学的方式，是改变传统教学模式的重要因素，更是培养学生综合素质与能力的重要契机。

二、信息技术与课程整合的途径与方法

我国高校的网络绝大多数都是用于信息资料方面的查找，只有一小部分适用于教育教学研究，辅助教学与教育行政管理，真正可以在学科教学中发挥作用的并不多，因此进行信息技术与课程整合的重要性就显现了出来。至于如何实现信息技术与课程整合，改变以往的传统教育方式，就需要高校与教师探索了，这也正是中国教育信息技术与规范化的关键问题。

目前主流趋势认为需要通过信息技术与课程的有效整合来实现对教学过程中的问题的解决。信息技术与课程整合的理论必须要建立起来，这样实施起来才有据可依，这也是目前信息技术与课程整合中最为关键的问题。

信息技术与课程的有效整合从另一个方面来讲可以理解为数字化的学习，数字化就是整合所有的资源，并成功地应用在课堂教学中。这要求教师必须要有能力将动态化的数字内容成功地应用在教学过程中，这样可以提升学生的能力与水平，也可以实现预期的教学目标，创建良好的教学环境。

有的学者认为信息技术应用在教学过程中主要是课前与课后，因为一节课的时间是有限的，不可能在短短的十几分钟内实现信息技术与课程的高度融合，最重要是的教师与学生的配合。实施信息技术与课程整合的常用模式有三种：①基于项目的学习；②基于资源的学习；③基于问题的学习。

信息技术应用在课前，就是体现在学生的预习阶段，教师将本课需要讲授的内容、需要准备的资料事先发布在网络上，使学生可以做好充分的准备，若有什么问题也可以在网上与教师进行及时的沟通。实施信息技术与课程整合的常用模式就是另一种模式，这是围

绕着社会上的热点问题开展的，是多个学科的交叉，需要运用多种知识，花费更多的时间与精力。因此，并不适合在课堂上完成，只适合在课下完成，也就不能成为课堂上的常规教学模式。

（一）以先进的教育理念为指导

为了实现既定的目标，就需要借助最为科学的教育理论，需要借助建构主义理论实现既定的目标。信息技术与课程整合不仅仅是应用先进的信息技术，更是实现教育的改革。理论是指导实践的重要基础，没有理论的支持，行动就是盲目的，改革也会失去方向。建构主义理论并不是可以解决信息技术与课程整合中出现的所有问题，但是可以有效地解决一些问题，我国传统的教学模式与教育观念存在一定的问题，需要对此进行改革。建构主义理论可以为信息技术与课程整合提供有力的理论支撑，为实践打下良好的基础。

（二）以建立新型的教学模式为中心

改变传统的教学模式，创建新的教学模式，既要突出学生的主体地位，又要保留教师的主导作用，教师在进行课堂整合的过程中，需要密切关注教学系统的相关要素与作用。在课堂整合的过程中，相关要素的作用与地位会出现适当的改变，可以做以下的思考，以此判断整合效果与程度：①发生改变的是哪些要素；②没有发生改变的是哪些要素；③未曾改变的原因是什么。

（三）坚持"学教并重"的教学设计理论

目前高校的教学设计理论主要有两种："以教为主"的教学设计和"以学为主"的教学设计。"以学为主"的教学设计也是根据建构主义理论进行设计的，这两种教学设计各有优势，也各有不足，因此，可以结合两种教学设计的优势，弥补教学设计的不足。

在运用建构主义理论进行教学设计的过程中，需要借助信息技术辅助教学，实现与学生的交流，实现预期的教学目的。建构主义学习环境下的教学设计理论可以起到有效的指导作用。

（四）重视教学资源的建设

课程整合需要丰富的教学资源作为支持。没有丰富的教学资源的支持，就无法建立新型的教学模式，也就不能培养综合素质的学生。

教学资源的建设，要求教师尽量地搜集各种有利于教学的资源，将搜集到的教学资源进行最后的整合，在实在找不到相关的教学资源的情况下，教师可以自己继续进行研发，实现教学目的。

（五）注意结合学科的特点

新型教学模式的构建需要借助新的教学结构来实现，教学结构虽然属于教学方法与教学策略的范畴，但是教学模式与教学方法却并不是相同的，教学结构是指两种以及两种以上的教学方式。

在教学过程中，为了实现预期的效果，构建新型教学模式需要结合不同的方法与策略，这些教学方法与策略完美地结合，就会形成一种有效的教学结构，有助于教学的成功。

可以实现新型教学模式的教学结构有很多，各个学科与教学内容之间存在一定的差异，在实际的教学过程中，教师需要灵活运用，利用信息技术与课程的深度结合，构建新的教学模式。常见的实现信息技术与课程的深层次整合的教学模式包括以下三种：①探究性教学模式；②仿真实验教学模式；③研究式教学模式。

三、信息技术与课程整合在大学英语教学改革中的实践意义

大学英语教学的模式，实际上就是构建以教师为中心的教学模式，这样的教学模式就是处理好教学系统的要素。传统的教学模式中教师是主动的施教者，教师需要树立一定的权威，将知识传递给学生。学生只是被动地接受知识，这样的教学模式有利于教师管控教学过程，但是不利于学生的个性发展，也不能体现出学生的主体地位，更不可能实现理想的教学效果，也不会培养出具有创新精神的学生，这也正是传统教学模式的弊端。

因此，近年来我国的大学对英语教学进行了相关的改革，也取得了一定的成绩，但是没有实质性的突破，改革只是对教学内容与方法的改革，不是对教学模式的改革。只有针对教学模式的改革，才可以触及最深处的教学思想，才会推动教学理论的改革。

整合的目的就是改变传统的教学模式，构建新的教学模式，只有在最深处进行教学模式的改革，才可以推动教学模式的彻底改变。信息技术与课程整合对于我国的教育改革具有很强的现实意义。

在教学实践中探索整合教学模式，也会推动英语教学的改革，提高英语教学的效果。开展信息技术与课程整合是完善传统教学结构的重要动力。教学模式有很多类型，因此在教学改革中也需要引起注意。学科教学过程分为三个阶段：①课内阶段；②课前阶段；③课后阶段。

综上所述，对信息技术与课程整合的教学模式可以分为两种：课内整合模式与课外整合模式。

很多国家对这两种模式都比较重视，很多专家学者都对此进行了相关的研究，也取得了一定的成绩，这样的模式会涉及多种学科、技术等因素。

中国也比较重视课内整合教学模式，但是却忽视了课外整合教学模式的研究。中国的研究趋势与西方发达国家有一定的区别，西方重视课外整合教学模式，有很多的值得借鉴的地方，我们国家可以借鉴，但是一定要适当，不能生搬硬套，忽视中国的客观实际。

第二节　信息技术与高校英语课程的课内整合模式

一、基于信息技术开展基础知识教学模式

英语综合语言知识包含基础知识和基本能力。英语基础知识教学主要包括词汇教学与语法教学。词汇与语法的学习效果直接影响学生语言能力的提升。

在信息技术背景下，应注重基础知识的教学。

（一）基于信息技术开展英语词汇教学

1. 教学内容

（1）词汇意义

在英语词汇教学中，教师必须要结合合适的教学手段，使学生了解词语的含义与语言环境之间的关系，学生对于词汇的意义不能只靠死记硬背，需要借助特定的语言环境理解词汇的含义。

英语词汇教学还有一个重要的内容就是对同义词、近义词的讲解，这部分内容对于本族的人来讲并不陌生，但是对于外族人来讲并不容易，例如汉语中的战斗，在英语中的表达有以下几种：①battle；②struggle；③combat；④war；⑤campaign；⑥fight。

这些词汇虽然都有相同的含义，但是还是存在一定的差异，在应用的过程中也有不同的要求，教师在教学过程中一定要注意区别，帮助学生掌握词汇的真正含义与使用的具体环境。

（2）词汇用法

不同类型的词汇有着不同的使用规则，词汇教学的最终目的就是帮助学生学以致用，

掌握有关词汇的知识。英语也有着固定的使用规则与方法，很多搭配都是固定的，不能随意地替换，否则就会丧失原有的意义，例如对应汉语中的"孩子"，不同的场合有着不同的使用方法：①kids 用于非正式场合；②offspring 用于正式场合；③children 为中性词。

（3）词汇信息

①词性。②拼写。③发音。④应用。

（4）词汇的用法

①形容词的使用方法。②名词的使用方法。③动词的使用方法。④副词的使用方法。

2. 教学优势

利用信息技术进行英语词汇的教学，可以帮助学生更好地实现对词汇的掌握，体现教学的意义。利用信息技术展开的词汇教学有很多的优势，主要体现在以下三方面。

（1）有利于提高词汇记忆的效率

只有记住了词汇的基本含义，才可以结合具体的语言环境进行分析，利用动画、图片、文字等相结合的方式，形成对词汇的记忆。词汇学习要注意方式的多样性，在不同的语言环境中呈现，可以帮助学生记忆更多的词汇。

利用信息技术可以帮助学生改变以往的记忆方式，以最容易让学生记忆的方式为出发点，设计教学过程，改变以往的教学方式，实现高效率的学习方式，提高对词汇的记忆率。

（2）有利于增强词汇掌握的时效性

信息技术是较为先进的技术，可以体现教学的时效性，运用信息技术，可以改变以往传统的教学方式，以学生最喜闻乐见的方式展示词汇教学的内容，使学生在最容易接受的环境中掌握学习知识。信息技术的教学方式，克服了以往的教学方式的弊端，学生可以及时地掌握相关知识，确保时效性。

（3）有利于拓展词汇认知的层面

传统的教学模式中，学生对词汇的认知就是基于课本上的单词，教师讲解，学生被动地接受，信息技术的介入可以拓展学生的知识面，改变学习方式，提高学习效率。

学生可以通过信息技术了解相关的词汇背景，加深印象，激发学习兴趣，根据不同的语言环境，了解词汇的具体含义，既要懂得基本含义，也要懂得深层含义，这样学生的学习方式也就得到了拓展，能力也就得到了提升。

3. 教学方法

词汇教学的方法就是使词汇信息进入学生的记忆中，形成自己的认知体系，可以随时应用，这样有助于学习词汇。

（1）加强词汇知识多渠道的注入

以信息技术为主，教师需要帮助学生掌握一定的词汇，并可以熟练地应用，实现基本的交流。教师要为学生构建一定的语言环境，学生自己也可以拓展一定的词汇量，信息技术可以为学生提供多种学习渠道，学生可以自己学习，比较方便自己查阅。

学习资料中含有丰富的音频、视频资料，学生可以自己下载，方便自己随时查阅，学生在解决问题时遇到困难也可以利用信息技术进行查阅，教师可以根据学生的使用情况，进行归纳总结，教师在研究信息技术与高校英语课程整合的过程中，可以以此为基础。

（2）注重学习过程，培养个性化和自主学习能力

教师要为学生提供充足的网络学习资源，教师也可以根据自己的学习经验进行整合，制作成网络课件或者是PDF，上传到网络上，方便学生查阅，学生可以根据自己的实际情况，进行查找与学习。学生需要有一定的监督能力，监督自己的学习情况，提高自己的学习效率。丰富的网络资源，激发了学生的学习兴趣。

（3）加强日常监督和多向互动

①师生之间的互动。②学生之间的互动。③学生与教学内容之间的互动。④学生与信息技术之间的互动。

（二）基于信息技术开展英语语法教学

1. 教学内容

（1）词法

词法分为两种：词类与构词法，词类比较简单，分为两种，即静态词与动态词。构词法分为以下四种：①词缀；②合成；③转化；④派生。

（2）句法

英语句法的知识比较零散，教师在教学过程中需要进行整合，避免给学生造成混乱的印象。英语句法的教学主要分为三种：①句子成分；②标点符号；③句子分类。

（3）章法

学生在经历过一段时间的学习之后，就会掌握一些基本的知识，因此需要引入章法的学习，章法的学习还涉及句子的逻辑关系等，掌握了章法就可以应用学习过的知识。虽然章法的内容比较复杂，但是也有规则，掌握之后就可以提升自己的英语水平。

2. 教学优势

传统的语法教学存在明显的不足，教师只会参照课本进行教学，学生也只能根据教师

的讲课内容与书本上的练习进行复习，但是在实际的应用中还是存在一定的问题。信息技术的引入有助于提升英语教学水平，主要优势有以下四点。

第一，突破对书本的限制，将原来枯燥的教学内容转换为生动的教学内容，学生更容易接受。

第二，教学形式更为丰富，多种教学形式的出现，有助于提升学生的综合能力，拓宽了学习渠道。

第三，提供了真实的情境，为学生的实际应用能力提供了帮助，帮助学生提升口语交际能力。

第四，英语语法教学不再局限于课堂上，可以为学生提供更加丰富的学习环境，有助于学生与教师之间的交流。

3. 教学方法

（1）利用课件呈现语法知识点

在高校的英语教学中，教师基本都是主动地传输知识，教师在讲授知识的过程中一定要注意方式方法，可以利用课件将本节课的重点传递给学生，可以采用醒目的标语、颜色标注出来，也可以使用音视频，吸引学生的注意力，增加学生的记忆力。

（2）采用课后自主拓展模式

在课后，教师利用信息技术，可以帮助学生养成自主学习的习惯，课堂教学的时间与内容是有限的，必须要利用课后的学习巩固所学的知识，帮助学生养成习惯。

教师可以通过建立分组，实现教学资源的共享，教师在分组中设置一些问题，学生通过对问题的讨论，形成初步的印象，如果出现问题，学生可以及时与教师进行沟通。

如果是在放假时间，学生可以通过电子邮件的方式与教师进行交流，教师可以掌握学生的实际情况，将课堂内容合理地延伸到课堂之外。

（3）与听、说、读、写、译相结合

英语语法教学并不是独立存在的，应该与其他英语教学结合起来，教师要认识到信息技术的重要性，将固定的教学内容转换成学生容易理解的内容，帮助学生形成自己的知识结构，这样学生才可以记住教师的讲授内容，不会在短时间内将其遗忘。

以信息技术为背景，将信息技术与高校的英语课程融合在一起，形成综合的素质教学，提高学生的英语水平。

（三）基于信息技术开展英语听力教学

1. 教学内容

（1）听力知识

听力知识的涉及范围比较广，即便是同样的句子，也会因为语法知识的不同而产生不同的含义。掌握英语语法知识，有助于提高学生的语音反应能力。

语音知识不仅仅是指语音教学内容，还包括听力教学的内容，教师要注重对知识的传授，有目的、有规律地进行教学，使学生适应教学的速度，促进对听力的理解。提升英语听力水平可以从以下四个方面着手：①语用；②策略；③文化；④语音。

（2）听力技巧

听力技巧是教师在长时间的实践中总结出来的，它可以帮助学生形成正确的听力理解，只有掌握正确的听力技巧，才可以准确地做出判断。学生在听的过程中，可以根据语境做出判断，以免结束交流。教师的实际经验是一方面，但是教师的经验并不适合所有的学生，训练学生的听力技巧也十分必要。

（3）听力理解

教师讲解听力知识时，应帮助学生掌握听力技巧。英语听力教学可以通过不同的活动来训练学生的听力水平，增加学生对听力知识的理解。学生听得懂与理解得对是两回事，只有既听得懂又理解得对，才可以不断地加深理解，理解主要分为以下几方面：①辨认。②分析。③重组。④评价与应用。

（4）逻辑推理

在大学英语学习中，为了培养学生的相关能力，设置一些英语考试也是必需的。学生在处理相关问题时，可以借助逻辑推理能力解决问题。

（5）语感

语感是在大量的积累之下实现的，良好的语感可以提升学生的思维能力，即使学生的语法知识有所欠缺，也可以在短时间内凭借语感做出正确的判断，这样在听力中学生也可以得到想要的效果。

2. 教学优势

（1）实现"以学生为中心"

与传统的听力教学相比，信息技术应用于听力教学的优势还是比较明显的。教育就是面向全体学生，提升学生的综合素质，很多高校的英语教师忽视对学生听力的培养。

利用先进的信息技术，实现以学生为中心，学生的学习更加自主，学生可以根据自己的实际情况，选择适合自己的听力内容，通过不断的训练提升学生的听力水平，最终实现教师的教学目的。

（2）凸显认知主题，利于因材施教

信息技术为教师拓展了丰富的教学资源，教师利用信息技术可以实现教学活动的准备、实施、验收，教学资源可以通过信息技术传递给学生，甚至考试也可以通过信息技术完成，信息技术为教师与学生提供了丰富的听力资料，双方都可以获益。传统的听力教学中，教师对学生的掌握情况其实很难准确地了解，但是信息技术引入后，教师可以了解学生的听力掌握情况，对学生的掌握情况进行监控，这也有助于教师及时解决学生遇到的困难，从而开展有针对性的教学，实现真正的因材施教，提升学生的实际听力水平。

（3）突破时空限制，改变传统听力教学模式

课程资源的物化载体不仅是教材与书籍，还有信息资源与视频资源等，教学内容也突破了课本的限制，学习活动也越来越丰富，学习可以随机进行，学生根据自己的实际情况自主学习，形成教师、媒体、学生交互传导，教师的角色也更加丰富，成为学生的帮助者与启发者。

（4）发展学生的自主性，培养学生的合作能力

听力教学的主要目的就是培养学生的听力能力，通过信息技术的引入，帮助学生解决听力难的问题，通过分组教学，提高学生的学习能力，教师可以实现预期的教学目的，学生可以根据自己的实际情况选择适合自己的听力材料，加强薄弱环节，培养合作精神。

3. 教学方法

（1）创造良好的听力学习环境

听懂的前提是理解，学生要想听懂，就必须要有扎实的基础，教师要为学生创设良好的听力学习环境，使学生身处在真实的语言环境，使学生可以感觉到听的真实性，选择真实的听力材料，增强学生的日常英语的使用能力。

设计与真实语篇相关的课堂活动，使用适当的分组合作形式，减少学生对教师的依赖，减少学生的焦虑情绪，在交流中提高合作的意识，提高学生参与活动的主动性。

为学生提供交流的机会，帮助学生掌握一定的技巧与方法，找到学习的兴趣，提高学习的能力。

（2）培养听力自主决策能力

学生也需要掌握一定的信息技术操作能力，这样才可以实现与教师或者与学生的信息技术网络交流。培养学生对信息收集、分析、整理、优化、提升的能力，学生根据教师布

置的有关任务，对信息进行收集、分析、整理、优化、提升，提高对信息的处理能力，利用信息技术对自己的学习结果进行评价。

借助信息技术所提供的网络虚拟课堂，学生要逐渐适应自己角色的转变，学会自主学习，成为学习的主人，借助信息技术来表达自己的意见与想法，主动地参与到教学过程中，培养自己的自主学习能力。

(四) 基于信息技术开展英语口语教学

1. 教学内容

(1) 语音训练

①连读。②重读。③弱读。④停顿。⑤音阶。⑥意群。

(2) 词汇

词汇是英语口语教学中的主要的内容，词汇是英语学习的基础，词汇的掌握情况直接关系到学生的英语水平，有效的词汇输入才可以形成有效的词汇输出，只有词汇量充足，才可以实现流利的英语口语交流。

教师帮助学生积累一定的词汇量，只有了解词汇的含义和使用规则，掌握一定的语法知识，才可以顺利地进行口语交流。如今学生见到外国人的机会越来越多，英语口语交流的机会也就越来越多，只有掌握扎实的基础才能进行口语交流。

(3) 会话技巧

教师除了给学生讲解一定的专业知识，还要教给学生一定的会话技巧，会话技巧主要有两种。

①转换技巧

当说话者遇到不能解释的话语且无法回避时，可适当转换其他的语言。

②回避技巧

当说话者遇到有表达困难的话语时，可以回避自己不熟悉的词汇与表达方式，而选用自己熟悉的表达方式，确保交际顺利开展。

2. 教学优势

信息技术的引入有助于提升英语口语教学的质量，同样也为英语口语教学带来了一定的挑战。英语信息技术与高校英语课程整合的优势有如下三方面。

(1) 提供宽松的口语环境

口语就是为了交际，为了提升学生的口语能力，教师又必须为学生创设一定的条件，培养学生的口语能力。信息技术的出现可以为学生创设良好的口语环境，很多网站、应用程序都可以为学生提供口语教学帮助，如果学生不敢在众人面前开口讲英语，可以借助这些信息技术进行练习，逐步提高自己的口语表达能力。

（2）提供更多的口语教学场景

学习是学生在一定的社会文化背景之下进行的，可以借助一些外界的因素，构建自己的知识体系。信息技术不仅仅出现在英语课堂上，在很多学科上都有应用，并取得了一定的成绩，信息技术可以帮助学生拓展思维，培养学生的综合素质。

（3）激发学生口语学习的积极性

信息技术改变以往传统的教学模式，信息技术融合了很多具有交互性的内容，这可以有效地调动学生的感官，将原本枯燥的教学内容转换为有趣的教学内容，学生在学习的过程中可以调动自己的学习兴趣，从而提升教师的教学效率。

很多以信息技术为主的软件设计得比较好，可以减少学生对学习的抵触情绪，将被动地接受学习变为主动地学习，学生可以在娱乐中进行学习，不断提高自己的英语水平。

3. 教学方法

传统的口语教学已经不再适应当今的教学发展，利用信息技术已经成为一种必然的趋势，信息技术在高校英语教学中已经发挥了不可替代的作用，信息技术与高校英语课堂的整合已经成为一种必然，有如下优势。

（1）注重网络测试与实施人机对话训练

教师不可能做到与每一名学生都进行对话练习，要想探知学生的口语水平，可以借助网络测试与人机对话训练，这样教师可以简单地了解学生真实的口语水平，然后在教学过程中就有针对性。

（2）过程评价与教师科研相结合

教学与科研活动并不冲突，教学有助于科研活动的开展，科研活动也可以提升英语教学的水平，教师根据学生的过程性评价结果，再结合教学过程中的相关问题，可以归纳自己的教学问题，提升自己的科研水平。

（3）课外教学与课内教学紧密结合

高校的英语课堂的时间是有限的，学生需要学习的内容确实不能只依靠课堂上的时间，还需要利用课外时间，课内教学要与课外教学相结合，教师要积极开展丰富的课外活动，弥补课堂教学的不足，具体活动如下：①主题班会。②情境表演。③英语演讲。④办英语期刊。⑤英语广播。⑥作文比赛。⑦专门讲座。

（五）基于信息技术开展英语阅读教学

1. 教学内容

①培养基本的推理技巧。②猜测陌生词语。③理解句子之间的关系。④理解句子及言语的交际意义。⑤辨认语篇指示词语。⑥通过衔接词理解文字各部分之间的意义关系。⑦培养跳读技巧。⑧将信息图表化。⑨确定文章语篇的主要观点或主要信息。⑩总结文章的主要信息。

2. 教学优势

信息技术的高度发展为英语课堂的发展提供了新的契机，通过对信息技术与英语课堂的整合，教师利用各种手段进行教学，既有利于教学目标的完成，又有利于增强学生的学习效果，教学优势得以显现出来。

（1）为阅读教学提供了丰富的资源

在阅读教学过程中，教师可以在网上下载自己所需要的资料，并根据教学内容进行筛选，有助于解决教学中的一些问题，学生也可以在网上进行学习，提高自己的阅读量。

（2）为学生提供了先进的阅读活动工具

传统的英语阅读教学依靠词典进行教学，学生需要随身携带，还要逐词查阅，但是查阅的效果并不是每一次都很理想。信息技术就不同了，信息技术可以与国内外一流的学府、图书馆详解相连接，这样查阅起来更容易，学生在遇到教师也解决不了的问题时，可以求助信息网络，获得专业的帮助。

（3）支持教师通过同步或异步的形式辅导学生

传统的阅读训练中，学生不能随时携带英语词典，学生在遇到不认识的词汇时，就会停止学习。在信息技术的应用中，学生可以控制自己的学习速度与节奏，不仅可以获得本校的教学内容，还可以获得全球的教学资源。

（4）利于提高学生的阅读技巧

学生可以借助信息技术搜索一些学习技巧，并根据自己的实际情况有选择性地使用，学生在获得了一定的阅读技巧之后，就会应用在阅读中，并对这些技巧进行整合，形成自己的阅读方法。学生在不断的积累中，形成自己的学习策略，学生的阅读能力也会得到提升。

3. 教学方法

（1）科学合理地选择阅读材料

英语阅读从本质上来讲就是一种偏技巧型的课程，学生的阅读能力需要在大量的实践中积累。首先一定要选择合适的阅读材料，如今的信息技术十分发达，可以选择的阅读材料十分丰富，选择合适的阅读材料也是一个重要的步骤。教师可以鼓励学生利用信息技术查找资料，这可以培养学生自主收集资料的能力，但是教师要对学生选择的资料进行筛选，告诉学生资料的合适度，然后让学生之间相互交流，做出归纳总结，最后教师做出一定的评价。

（2）发挥网络互动优势，激发学生的学习兴趣

信息技术可以为英语阅读提供一个良好的交流平台，在这个平台上每一个学生都可以发表自己的看法。利用信息技术所提供的空间，教师与学生可以共享学习资料，教师也可以根据具体的教学情况，构建一个专门的数据库，方便学生查阅与下载，提高学生的学习效率。

教师可以充分利用信息技术的优势，吸引学生的注意力，将枯燥的教学内容转换为生动形象的教学内容，将重点内容标注出来，吸引学生的注意力，避免学生出现厌倦的情绪。

（3）开展课后拓展阅读

教师要把握好课堂时间，也要积极开展课后阅读活动，提高学生的动脑与动笔能力。经过一定时间的训练，学生可以在阅读中培养自己的注意力集中能力，教师在这一过程中，可以积极引导学生，为学生布置可以课后阅读的任务，学生不仅可以回忆课堂上的教学内容，还可以提升自己的阅读水平。课后阅读并不是每一天都必须进行的，可以一周一次，也可以两周一次。

（4）科学评估与分类指导

教师要为学生设计一套科学、合理的教学评估方法，在提升学生的英语阅读水平的过程中，教师也要对学生的学习效果进行统计，针对学生比较容易出现的错误，教师要进行统计，及时地进行讲解。在教学任务结束之后，教师要对教学情况进行总结与评价，对学生也要进行有针对性的指导。

（六）基于信息技术开展英语写作教学

1. 教学内容

（1）谋篇布局

在写作之前一定要谋篇布局，这是写作的基础，对写作具有重要影响。根据不同的写作要求确定写作的整体结构，选择合适的写作模式，以此进行后续的写作，谋篇布局就相当于写作大纲。

谋篇布局的结构并不是一成不变的，也要具体问题具体分析，要根据不同的题材与体裁确定不同结构。

（2）完整统一

评价一篇文章好坏的重要标准就是看文章的结构是否完整与统一。文章中所有的细节都是围绕问题开展的，凡是脱离主题的信息都要进行剔除，要保持文章结构的完整性，保持逻辑的清晰。

（3）和谐连贯

和谐连贯对于一篇优秀的文章来讲十分重要，教师要培养学生在写作的过程中注意文章的连贯性与逻辑性，实现段落之间的紧密联系，确保整篇文章的和谐连贯。确保英语文章连贯统一的方法就是使用一定的连接词与过渡词语。

（4）选词

词汇的含义比较丰富，在不同的文化背景之下，词汇会有不同的含义，因此在写文章的时候一定要注意选词，选择合适的词汇，这样有利于提高写作的水平。选择什么样的词汇不仅仅是个人的兴趣选择，也是写作者与读者之间的交流，一定要选择正确的词汇。

（5）句式

语篇是由词汇与句子构成的，句式的完整、合理对于写作也非常重要。英语的句式十分丰富，一种句式可以演变成多种形式，如何选择与应用不同的句式也十分讲究，好的句式可以为普通的文章增添光彩，掌握丰富的句式也可以写出优秀的文章。

（6）拼写与符号

拼写与符号是文章中最容易忽视的内容，但是也是最基础的内容。拼写与符号可以体现出文章的逻辑，这虽然是基础知识，但是没有打好基础就容易出现问题，细节足以决定成败。

2. 教学优势

与传统的写作教学相比，信息技术与高校英语课堂的融合有着明显的优势，如下所示。

第一，可以激发学生的写作热情，减少学生对写作的抵触情绪，调动学生写作的积极性。

第二，提高学生的参与度，学生可以积极主动地参与课堂活动，并清晰地认识到自己写作的不足，这样比教师直接讲授更容易接受。

第三，加强学生与教师之间的沟通。学生在写作的过程中可以接受别人的意见，了解自己的优势与不足。

第四，修改更加容易，学生不用依靠反复抄写来进行记忆。

第五，英语写作教学更加直观。

第六，改变了教师的传统角色，使教师与学生之间的关系更加和谐。

3. 教学方法

（1）利用计算机文字处理程序辅助写作，代替原有写作形式

计算机有文字处理程序的功能，可以对拼写、标点等进行检测，因此为学生与教师提供了方便，这样有助于学生自我检查，也有助于教师的教学。计算机的文字处理功能还附带词典，学生可以进行查阅，一定意义上节省了时间，提高了效率，增加了学生的学习兴趣。

（2）倡导学生运用网络支持英文写作

信息技术的出现，打破了原来的时间与空间的限制，丰富了英语教学资源，拓展了学生查阅资料的途径，学生将自己找到的信息进行交流与探讨，表达自己的看法与意见，锻炼自己的各种能力，实现英语写作能力的培养。尤其是如今，很多大学生对于信息技术都十分熟悉，教师更要把握住机会，积极调动学生的积极性，在合适的时机给予学生一定的帮助与指导，鼓励学生利用信息技术进行写作。

（七）基于信息技术开展英语翻译教学

英语翻译教学是英语教学中的重要内容，教师要为学生打下翻译理论的基础，使学生形成正确的思路，这样即便是有一些轻微的错误，学生也不会偏离正确的轨道，如果没有形成正确的译文思路，就不能对译文进行正确的修改，而是需要重新架构。

教师向学生传授一定的翻译技巧，在尊重原文的基础上，对于原文的一些表现手法进行改进。翻译技巧有很多，包括：①反译；②省译；③套译；④音译；⑤增译；⑥直译；⑦意译。

二、基于信息技术开展情感教学模式

在信息技术背景下，多媒体课件集文字、图形、图像、视频、音频等于一身，使抽象的知识形象化，复杂的知识简单化，营造轻松愉悦的课堂环境，激发学生的学习兴趣。

激发学生的学习兴趣是英语教学的重点，也是难点。如果英语教学缺乏真实的语言环境，教学也会变得枯燥无味，难以使学生在学习过程中产生情感体验，难以激发学生的兴趣，学习效果自然也不好。而基于信息技术开展情感教学，教师可以通过使用 Power Point 制作的课件将教学内容呈现出来，精心选择文字、图片以及视频等展示内容，同时加以合理利用。

第三节　信息技术与高校英语课程的课外整合模式

一、建构主义理念下"研究式学习"教学模式的内涵与特征

（一）研究式学习的定义

研究式学习是学生在教师的指导下，从现实生活中选择专题进行研究，具有很强的现实性。在研究的过程中学生应该积极主动地参与，应用知识解决问题，该学习模式以问题为核心，分组进行，教师布置任务，学生通过自己的努力收集信息，切身体会知识形成的过程。

这样的学习模式与传统的学习模式有所不同，学生的权力更大，学生可以自主地选择，这样的学习模式就是为了改善学生被动地接受知识的局面，教师为学生构建一个良好的平台，鼓励学生积极参与，学生通过教师的帮助形成自己的知识结构，最终内化为自己的知识，教师培养学生的应用实践能力。

（二）研究式学习的特征

1. 强调学习的自主性

学习从来都不是教师强迫学生完成的，学习应该是学生自己的事情，学生只有自己认识到学习的重要性，才可以更好地完成学习。自主学习，遇到困难首先是自己想办法解决，而不是过度依赖教师。在整个学习过程中，学生要保持高度的自主性，要学会学习，教师是学生的引导者。

2. 强调学习的交互性

研究课题与研究方式在一起相互作用形成学习的交互性，每个人的研究方式不同，研究课题的内容也就不同，因此师生之间的互动以及学生与学生之间的互动也就不同。

3. 强调学习的开放性

学生在这种学习模式中，不再局限于课堂之上，学生可以利用信息技术，也可以走出课堂，寻求更加专业的帮助，这样的学习环境更加开放，可以为学生提供更多的可能性。

4. 注重学习的实践性

这种学习模式鼓励学生自己动手，亲身试验，在实践中提高自己的能力并丰富自己的

知识，学生通过自己的努力，可以了解到学习资源的来之不易，在实践中，可以获得各种有价值的信息，增长自己的见识。

5. 注重过程及学生的体验

这种学习模式注重的是过程，而不是具体的结果，培养的是学生的体验，而不是研究的结论，强调学生自己主动地学习，而不是被动地接受，归纳起来也就是以下几点：①学习自主化；②活动过程化；③过程体验化。

6. 强调师生间的平等

这样的研究模式主张师生之间的平等，教师要为学生创设一个良好的学习环境。学生在这样的学习模式中要形成自主学习的习惯，遇到问题自己想办法解决，师生之间的关系是平等的，这样不仅有助于教师的教学，也有助于学生的学习。一举两得，和谐共赢。

7. 促进创造性与潜在性的统一

这种学习模式与传统的学习模式最大的区别就在于其可以激发学生的创新精神，不仅仅是学生的创新精神，还有教师的创新精神，调动双方的积极性与主动性。教师不只是知识的传输者，学生也不用被动地接受知识。

学生死记硬背的效果其实并不好，学生只有自己真正记住了才可以应用，这样的学习模式就是避免学生死记硬背，学生自己努力可以培养自己的综合能力，这样也可以激发学生的好奇心。

二、"研究式学习"教学模式的实施步骤

（一）提出问题

只有提出问题，才可以解决问题。教师通过一定的情境创设问题，因此引出学习的主要内容，激发学生的研究兴趣。问题的提出一定要合情合理，在学生可以接受的范围内。

（二）分析问题

在分析问题之前，教师要对相关的分析方法进行介绍，然后学生根据具体的问题选择使用，教师可以提供适当的帮助，学生遇到问题之后，可以先想办法自己解决，自己解决不了再寻求教师的帮助。

（三）解决问题

解决问题就是提出解决问题的初步方案，然后再优化解决问题的方案。问题的解决方

案不可能只有一个，在小组讨论的过程中，一定要进行初步的选择，在深入的分析之后，再进行优化。

（四）实施方案

在实施方案之前，一定要考虑到学习的成本，注意做好成本评估，对实施方案也要做好评价，以便于及时地收集信息，信息要进行及时的反馈，在实施的过程中，根据实际情况进行调整。

（五）总结归纳

归纳总结的形式主要有三种：①个人总结；②小组总结；③教师总结。

研究式学习是对建构主义教学方法的抛锚法的继承与完善，因此需要建构主义的指导，研究式学习又进一步完善建构主义的理论体系，为建构主义体系提供丰富的实践经验。

三、对"研究式学习"教学模式下英语教学的反思

不仅仅是对学生，对于教师来讲，这样的教学模式也是有一定的优势的。学生的主动参与提高了教师的教学效率，学生的实践应用能力与创新能力也都得到了加强，这对于学生将来步入社会也是有好处的。对"研究式学习"教学模式下的英语教学也有一定的反思。

（一）教学观念的转变和教师角色的定位

这样的教学模式改变了教师的角色，尊重学生的主体地位，强调学生自主学习。学生学习方式的改变得益于教师教育观念的改变，在时代发展的过程中，要根据时代的要求，调整自己的定位，学生与教师应该是平等的关系，学生并不是教师的附属物。教师有义务为学生构建一个良好的学习环境。

教师要认识到学生的主体地位，尊重学生的意见，引导学生自主学习，激发学生的积极性，教师要根据学生的实际水平，认真备课，提高备课的质量。这样在讲授的过程中，教师才可以做到游刃有余。

作为一种全新的教学与学习方法，不管是指导理论还是应用实践都是区别于传统的教学模式与学习方法的，教师要进行系统的培训。教师的教育理念与指导方法得到全面提升的时候，其才可以培养出具备综合素质的人才。

教师自觉地转换自己的角色，从知识的灌输者到知识的推广者，从教学活动的权威领导者到教学活动的引领者，自主地进行角色转换，为学生搭建一个良性的平台，为学生提供更加全面的帮助。

（二）学生的中心地位和自主学习

尊重学生的主体地位，培养学生的自主学习能力，教师要对学生有一定的了解，这样才可以为学生提供必要的帮助。在学习的过程中，学生对自己的英语水平没有十分充足的耐心，担心不能在课外花费大量的时间来学习英语，这是一个很常见的现象。

教师可以利用一定的时间，对学生感兴趣的问题进行讲解，帮助学生掌握一定的知识，了解学生的基本情况之后，有针对性地选择一篇具有代表性的文章，让学生在课下进行讨论，要求在下一节课上分享自己的讨论成果，学生可以结组，也可以自行研究。通过这一篇文章的分享，为学生日后的课外研究奠定基础，如果学生产生了疑问，在课堂上或者是课下也可以进行解决。

尊重学生的主体地位，在学习的过程中，积极鼓励学生。当学生取得一定的成绩时，教师要积极鼓励学生。这样的教学模式还是适合小班，学生的数量过多，就不能保障学生的参与度，学生的英语水平参差不齐，就更需要教师合理地分配教学资源，照顾到每一名学生。学生不能参与其中，这样的教学模式也就没有特别大的意义了。小班教学可以合理地把握学生的数量，提高教学质量。

（三）教学机制和学习资源的配套建设

这样的教学模式，不仅需要教师的积极配合，也需要学校其他部门的配合，构建研究式课程体系，培养学生的创新意识，提高学生的自主学习能力，形成与之相适合的教学机制。

教师要具备一定的知识，不仅要精通英语，对于其他学科也要有所了解。教学模式的多元性，要求教师在教学方法的选择上为学生提供更多的可能。这对于教师的要求也就更为严格。学校可以为教师提供定期的培训，提高教师的素质和能力。

如今，英语课程不再是只针对英语专业的学生开设的，非英语专业也已经开设了专业英语课程。英语的重要性已经不言而喻，将信息技术与高校英语课程整合在一起，也成为一种必然趋势，培养出具有综合素质的人才，提高学生的学习能力，使之成为对社会发展有贡献的人。

第六章 ESP框架下的大学英语教学模式

第一节 高校 ESP 课程的具体模式

随着我国经济的发展及全球一体化趋势,英语已经成为国际交流的重要桥梁。在飞速发展的国际交流与较低的外语应用能力之间的矛盾日益突出的背景下,专门用途英语(ESP)应运而生,受到各高校的重视。

一、ESP 概述

ESP 即 English for Specific Purposes,也就是平常所说的"专门用途英语"或"特殊用途英语",如旅游英语、商务英语、财经英语、医学英语、工程英语等。20 世纪中期以后,全球经济迅猛发展,科学技术日新月异,国际贸易、金融保险、邮电通信、国际旅游、科技交流等全球范围内的各种交往空前频繁。国际大交流呼唤一种能担当此重任的交流工具。由于种种原因,英语成了国际交往中的主要通用语言。随着经济和科学文化的发展,英语作为国际语言的地位正在日益得到加强,世界出现了学英语热。为了满足各类人员学习英语的需要,ESP 便应运而生并迅速发展。

ESP 由英国语言学家韩礼德提出,它指的是 English for civil servants, for policemen, for officials of the law, for dispensers and nurses, for specialists in agriculture, for engineers and fitters. 也就是说,它是与某种特定学科或职业相关的英语,或根据某种培养目标或特殊需要开设的英语课程。

到 20 世纪 80 年代,研究 ESP 的人越来越多,出现了一大批论文和专著。ESP 教学的特征:①课程设置必须满足学习者的特别要求;②内容上与某些特定的学科、职业及活动相关;③重点应放在使语法、词汇、篇章结果与那些特定活动相适应的语言应用上;④与普通英语 EGP(English for General Purposes)形成对照。

二、大学英语教学中推行 ESP 的必要性

ESP 教学作为一种语言教学，其主要教学要求是通过对语篇的目的进行分析，使学习者掌握 ESP 的语言特征和语用功能，从而达到运用 ESP 的教学目的。大学英语教学中逐步、有序地推行 ESP 有很重要的现实意义。传统的大学英语授课，学生着重掌握的是英语的普遍性。而 ESP 则侧重英语的特殊性，即在某种情境下如何用地道的英语进行表述。积极推行 ESP 并不是全盘否定 EGP 所起的作用。ESP 的实施有个前提，那就是学生的英语基础普遍较好。在打下坚实的基础后，也就是掌握了语言的普遍性之后采用 ESP 方法，使他们学会在实际语言环境中如何运用英语进行有效的交际。

上文中提到 ESP 的一个特点就是 ESP 教学是建立在学习者的需要分析之上，在今后工作生活中，能读懂专业文献，能用英文进行论文摘要的书写，在特定场合中用英语进行交际。由此可见，大多数学生提出的需求很明确，而 ESP 的产生也就源于这方面的需要。学生所需要的就是教师所要考虑和分析的，并在将来的教学中能有所改进的。大多数学生大学毕业后就会从事某种职业，所以他们的需求是最直接的，也是最实际的。

不仅学生对现在的英语教学状况不甚满意，用人单位对学生的英语实践能力也存在质疑。学生在大学学了两年英语，毕业后实际运用语言的能力普遍并不强，能用英语进行较流畅的交流、翻译、写作等方面达到标准的学生只占少数。大学生普遍只在大学里的前两年有英语课，大多数学生学习自觉性并不强，甚至过了英语四、六级后就认为英语学习到此为止了，没有继续下去的必要了。大学后两年能坚持自学英语的学生是少数。英语教学现状与学生的实际需求脱节，用人单位对大学毕业生的英语实践能力不满意使得 ESP 教学的推进、推广势在必行。

三、ESP 教学的应对策略

ESP 课程的开设对学生大学毕业后的发展和英语教师自身的发展都至关重要。一方面，对学生而言，他们对传统的 EGP 教学大多感到懈怠，甚至厌倦。而改变这种现状最佳的方式就是 ESP 教学。经过 ESP 培养的学生，在他们将要从事的专业领域，能够比那些只接受了通用英语教育的学生更准确、更有效地胜任交际活动，更有助于他们的就业。另一方面，ESP 对专业英语教师的意义更不容忽视。在 ESP 教学将成为高校英语教学主流的今天，大学英语教师的发展目标绝不仅仅是外语授课者，同时也应该成为某种专业领域的"准从业者"。

（一）对教师的要求

ESP 教学对授课教师提出了更高的要求。首先，教师对专门用途英语的教学目标要有全面、清晰的认识，在教学过程中应该教授给学生什么，并且能随时根据学生的反馈和意见对教学进行完善和改进。也就是说，教师应该是课程的设计者，教师与学生之间应该是合作关系。在课堂上，师生之间应该有良好的配合和互动。此外，教师还应该是研究者，对 ESP 教材与学生状况、学生的接受能力做进一步研究，并找到相应的解决方法。再有，ESP 教师还是测试与评估者，他们要思考以何种方式较准确地测试与评估学生的能力与水平，并根据实际情况不断进行调整。教授 ESP 的教师都是英语专业毕业的，英语基本功扎实，但缺少相关的专业知识。这就需要教师在课下充电，把专业知识和英语相结合，然后才能在课堂上有的放矢地教好学生。这也是所有教授 ESP 的教师都面临的巨大挑战。

教师是 ESP 教学成败的关键性因素，在师资培训方面具体有三种方法：

1. 送出去

高校可根据自身实际分批选派一些年纪轻、英语基础好、有一定专业知识的教师去国内或国外的 ESP 教学师资培训基地进修学习。

2. 请进来

定期邀请国内外 ESP 专家学者来学校做专题讲座。

3. 相互交流

参加校际间的 ESP 公开课、交流会等活动，为教师提供学习锻炼、开阔眼界的机会，并通过经验丰富教师传、帮、带的培养模式来促进年轻 ESP 教师的快速成长。

（二）对教材的要求

ESP 教材的编写应该建立在需求及评估的基础之上，实用性强，难易程度适中，适合绝大多数学生使用。ESP 教材的一个突出特点就是它的真实性，教材的内容应该基于真实的语境，和他们自己的专业能紧密联系起来，如某些专业词汇、固定用法、习惯表达等。其针对性要强，学生将来在就业时能够学以致用。此外，教材应强调能力训练，学与练有机结合起来。实践语言操练在课堂上应占有较大的比重，如课堂讨论、设定某个语言情境让学生进行对话练习等。

（三）建立 ESP 网上资源库

计算机技术的发展，特别是多媒体技术、网络信息技术的飞速发展，使得教学理念发生了根本性的变化。建议由国家高等教育主管部门牵头，建立一个专门的 ESP 网络资源平台，汇聚全国高校的各种 ESP 资源，供 ESP 教师相互交流学习，资料共享，将大大节约各高校在 ESP 教学研究方面人力、物力和财力投入，迅速缩小各高校间的 ESP 教学差距，并极大地提升国内 ESP 教学的整体水平。

四、二阶段课程模式的提出

（一）初级阶段

以宽基础专业知识作为载体的大学 ESP 基础课程即属于初级阶段的 ESP 课程，要求教师花两个学期的时间将专业知识教授给学生，在课程全部结束之后，学生还需要参加全国统一的大学 ESP 基础能力达标考试。考试合格的学生就可以直接进入高级阶段大学 ESP 课程的学习，而考试不合格的学生就必须要等待下次的考试，直到考试合格为止。

（二）高级阶段

以窄基础专业知识作为载体的大学 ESP 基础课程即属于高级阶段的 ESP 课程，它也被称为高阶大学 ESP 课程，学生根据自己的专业选择好相对应的课程之后，同样是由教师授课，并在两个学期之内修完。到了第四个学期，学生可以根据自己的学习情况参加全国性的专门用途英语技能测试，该测试主要有 A/B/C 三个级别，学生可以通过这个测试来证明自己在专业领域内的语言能力。

第二节　高校 ESP 课程构建

一、大学 ESP 课程建构理论

（一）行为主义学习观

行为主义学习观主要包括以下几方面：①人们在外界条件的作用下会逐渐形成语言，对于语言的学习属于一种特殊的脑力活动，可以说，语言是一种习惯。②在语言学习的过程中，外部刺激是语言行为和习惯发生变化的主要因素，与内在因素没有太大的关系。③学习者的学习是被动的，是他们因受到外界环境刺激而做出的反应引起的行为变化。换句话说，学习的产生就是刺激与被刺激、刺激与反应之间的联结。④对学习的结果非常重视，而对学习者的内心活动比较忽视。

行为主义更多的是去关注一些实际行动，并尝试对一些可以观察到和预测到的简单行为进行解释，对于那些影响有机体和可能引起行为的条件（也就是反应与刺激以及行为本身）比较关心。对于一些具有行为主义取向的研究者来说，他们更多的是渴望对刺激与反应之间的关系规律进行揭示。他们认为，教学的中心应该是教师，他们对教师在组织和传递知识以及控制学习情境等一些重要方面所体现出的作用进行了强调。

在我国之前的英语教学中，行为主义的语言教学观是被广泛采用的一种方式，这种方式与讲授式的模式是一致的。通过行为主义教学观教育出的学生，往往具有一个非常典型的表现，那就是分数高，但是能力却不足，这也是为什么前期会出现"哑巴英语"的现象。尽管如此，我们也不得不承认，行为主义学习观也有其积极的一面，那就是它能够帮助学生建立牢固的语言基础知识。不管是哪一种语言观，只要是存在了，就必然有它存在的合理之处，因此，在设计大学 ESP 课程时，完全可以参考行为主义教学观中较为积极的部分。

除此以外，行为主义学习观还对课程的意义和学习者态度的重要性进行了特别的强调。在建立大学 ESP 课程之前，必须要有较为明确的目标，只有这样才能让学习者了解自己的学习需求，才能让他们明白课程的意义，才能提高他们的学习积极性，从而使课程效果得到保证。

（二）认知主义学习观

认知主义心理学家对学习者的心理结构给予了很大的关注，所谓学习者的心理结构，既包括了学习者之前的相关知识，也包括了他们可能会用到的学习策略。在认知心理学的影响之下，语言教学的中心逐渐转移到了学习者以及他们的相关需求上，并且在课程设计中还充分考虑到了个体学习风格的差异。设计出能够让学习者体验各种认知活动的任务，是课程规划和教材开发的重中之重。

在大学 ESP 课程的设计中，学习者是处在第一位的，在对课程的各个阶段进行组织的过程中，设计者会特意根据学生知识水平的不同设计出难易程度不同的语言任务并排序，此外，还会编排每期的课程。在选择课程内容时，还必须根据学科知识的难易程度和层次进行安排。例如，在大学初级阶段，可以将宽基础学科知识作为大学 ESP 课程的载体，学生在宽基础学科的基础上形成一定的语言能力后，再选择专业化程度较高的语篇。

在教学过程中，对于问题型任务的完成常常会用到认知主义学习观。在 ESP 教学中，一些与学生的专业知识联系紧密的活动，往往会被编排一些问题型任务来进行练习。对于行为主义中一些不容易解释的理论和问题，可以用认知派的学习观点来进行解答。该观点认为，学习者在学习的过程中应处于中心地位，因为他们有自己的思想，只有在学习者认为学习资料对自己来说存在意义的前提下，他们才愿意积极主动地去学习。可以说，认知主义学习观拓宽了探讨学习过程的视野，丰富了课堂教学的理论与实践。

（三）人本主义学习观

由于以学习者为中心，将学习者作为学习的主体是大学 ESP 课程的一大特点，所以，对语言学习者来说，心理因素的研究便成了对学习主体研究的重要内容之一。研究发现，学习者主要有以下两种心理因素：第一，由感知、记忆、想象、思维等要素组成的认知因素，也被称为智力因素；第二，由动机、兴趣、情感、意志等要素组成的情感因素，也被称为非智力因素。其中，在人们认识和创造活动的过程中起到动力、维持以及强化等作用的当属非智力因素，这一因素甚至直接决定着活动的效率和成败。

人本主义学习观是推动大学 ESP 教学的一项重要手段，这一手段能够帮助学生消除情感障碍，使他们在学习的过程中始终保持良好的心理状态，同时也能创造适宜的学习环境和氛围，从而使学习者的学习潜能得到充分的发挥，具备大学 ESP 语言学习能力，提高专业英语水平。

人本主义心理学家对于人的个性和独特性以及人们的情感发展是非常关注的，他们对于能够解释人类反应的一般规律和信息加工或刺激反应并不是很关心。在构建大学 ESP 课程的过程中，人本主义的语言学习观在宏观上提供了一些指导，在目标上表现为以下几方面：①如果从学习者的角度来看的话，则更多的是强调沟通的意义。对于使用真实的文本和交际型的任务来说，并不是事先就已经确定好的，而是必须要通过协商之后再得出结果。②学习者作为课程的中心，必须要将对他们的尊重给予足够的重视。③把学习看作自我实现的一种体验，要知道，学习在决策过程中拥有的话语权是非常大的。④将其他的学习者看成支持群体，并且在这个群体中，大家要互相帮助、互相交流、互相评价。⑤教师作为课程的促进者，关注点应该放在课堂氛围上，而不应该是如何照本宣科。教师们要清楚地知道，不管是教学大纲还是教学资料都是为学习者的相关需求而服务的。⑥在课程的早期阶段，学习者的第一语言会在课堂中起到非常大的作用，即使到了之后的阶段，第一语言也会起到一定的作用。并且，学习者在尝试对目标语进行理解的过程中，很有可能还会需要第一语言的帮助。

二、大学 ESP 课程建构的方法技术

（一）大学 ESP 课程开发可选方法

1. 以语言为中心的方法

以语言为中心的教学大纲是以语言为基础的教学大纲，它考虑了更多的语言形式和语言功能。语言形式的大纲，包括根据困难程度和等级组织的语言项目。本大纲是 ESP 课程中历时最长的大纲，对大学 ESP 课程的发展具有非常重要的意义。对于许多 ESP 课程的设计者来说，虽然以语言为中心的教学大纲不是他们目前能接受的模式，但不可否认的是，这种大纲所具有的影响力还是非常大的。与语言形式大纲相比，功能意念式大纲仍然被认为是大学 ESP 课程的一个样本。

教授专业学科知识是大学 ESP 课程的目标之一，因此，当以语言为中心的课程开发方法应用于大学 ESP 课程开发时，另一个重要的考虑因素就是如何很好地整合语言和学科内容。在基于语言的教学大纲中，通常是通过明确 ESP 的各种情况和话题来整合语言。大多数大学 ESP 课程内容的组织手段（或载体）都是使用专业学科的内容，其目的就是提高学生的学习动机，同时它也作为基础，使语言形式和语言功能型大纲更加贴近真实生活大纲。

从整体上来看，以语言为中心的方法属于一种直线型的方法，它的各个步骤都具有非常明显的先后顺序，操作起来也非常简单。但是，这些看起来逻辑性强且较为直接的优点却也直接将它的缺点突显了出来。一直以来，以语言为中心的方法都在尝试着把对于目标情境的分析和 ESP 课程的内容联系起来，但在学习者看来，它只是用来明确目标情境的手段罢了。

从课程开发的流程来看，以语言为中心的方法是一个静态且固定的过程，在反馈和修改等机制的设定方面还是比较匮乏的。在分析完初始的情境之后，就已经将课程设计者固定住了，因此也拒绝了所有其他能够对课程造成影响的因素。这种在分析完目标情境语言特征后建立起来的大纲并未给予学习因素足够的重视，而是将重心放在受限领域的语言形式和功能上，这就使得 ESP 学习者在目标情境中完成特定任务所需的整个语言技能的培养作用十分有限。

2. 以技能为中心的方法

所谓的以技能为中心，指的就是以语言技能为中心。这是对基于 ESP 的英语专用语域

概念的一种回应，同时也是对有限的时间和资源以及学习中实际限制的回应。从本质上来看，它认为 ESP 课程有助于学习者发展技能和策略，这些技能和策略将在 ESP 课程之后继续发展。其目的是让学习者能够更好地处理信息，而不是提供一个语言知识指定的语料库。不难发现，相比以语言为中心的方法，以技能为中心的方法更多地考虑到了学习者的因素。比如在进行需求分析时，以技能为中心的方法考虑到了学习者完成目标岗位任务所需要的能力以及学习者可能带到 ESP 课堂的潜在知识和能力等。尽管如此，这一方法也仍然还是将学习者视为语言的使用者，而不是语言的学习者。以技能中心为导向的 ESP 课程设计者，首先会对学习者在某一特定工作场所或学科学习中可能用到的技能进行明确，之后再根据这些技能来进行大纲的编写和教材的设计。

对于 ESP 学习者来说，有一些非常重要的阅读技能和策略，具体如下：在理解一些新知识时，要善于利用原有知识；对课文的结构进行了解；通过跳读的方式来熟悉文章的大意；通过扫读的方式来定位一些特定的信息；对信息的重要程度进行区分；要有目的地进行阅读；对客观事实和个人观点进行区分。

虽然以技能为中心的方法对学习者考虑得相对要多一些，但它依然使 ESP 过度地依赖情境，将学习者放到一边。所以在设计大学 ESP 课程时，对于子大纲来说，可以完全采用这种方法，但是对于整体的设计来说，则不应该完全采用这种方法。

3. 以学习为中心的方法

以学习为中心的方法的实施过程是比较封闭和完整的，在这个过程中没有任何因素可以完全影响课程内容的决策。在这个过程中，课程大纲、教材、教学方法和评估均会受到 ESP 学习情境和目标情境的影响。除此以外，通过评估反馈，各要素之间也会相互影响，由此可见，课程设计是一个多方协调的动态过程。课程能在内置评估的影响下通过反馈，根据情境的变化做出调整。

如果是以学习为中心的方法来开发大学 ESP 课程，那么就需要产生一个较为全面的大纲，这时就必须要有语言学家、教师、教育心理学家、学科专家的共同参与，这将是一个完整而复杂的过程，并且还需要进行不断的维护。采用这种方法开发大学 ESP 综合课程，是建立、完善和发展整个课程体系的最科学的方法。但是，在设计课程体系中目标不同的子程序时，最好是采用以语言为中心和以技能为中心等既省时又省力的方法。

由于大学初级阶段的 ESP 课程是一门宽基础课程，专业化程度不高，所以在进行以综合能力培养为中心的整体课程设计时，可以考虑采取以学习为中心的方法。但像学习阅读课程等高级阶段的 ESP 课程，在设计时则可以直接采用以技能为中心的方法，这是因为在通过了初级 ESP 学习之后，学习者就已经具备了基本的语言技能，所以在进行高级阶段的学习时，不必专门去设计阅读技能，这就使得课程更直接、更高效。

使学习者能够完成任务的能力的本质是以学习为中心的方法最为关注的，课程开发者关心的不是能力本身，而是怎样让学习者具备这些能力。所以在课程开发的过程中，随时都关注到了学习者。

通过对以上大学 ESP 课程开发的可选方法进行探讨，主要目的就是设计出更高效的大学 ESP 课程。以上三种课程设计方法对学习者的考虑程度的详细比较如下所示：①以语言为中心的课程设计。这种设计方法对学习者是最不重视的，对学习者的了解和分析不够深入，并且完全是根据对目标情境的分析来确定学习者所学课程的内容。②以技能为中心的课程设计。这种设计方法对情境分析过于依赖，虽然表面上是将重点放在了学习者身上，但却并未完全考虑到学习者，学习者只是被用于对目标情境进行确定分析。③以学习为中心的课程设计。这种设计方法不管是在任何阶段都充分考虑到了学习者。

（二）大学 ESP 课程需求分析

1. 分析的四个层次

只有先明确了学习者学习这门语言的目的，然后再进一步了解这门语言的母语者为了实现这一目的所涉及的一系列交际行为，才能准确地知道学习者的需求。换句话说，就是将流利地使用目标语言者的交际行为看成是确立学习者学习这门语言需求的衡量方法。我们可以从全局、修辞、语法、修辞、语法这四个层次来进行更为具体的分析。

对于课程内容方面，可以多听取一些学科领域方面专家的建议，因为他们所提供的信息往往都是非常有价值的。此外，通过分析目标语境语篇，也能够获得一些语言方面的信息。所以，在课程开发的过程中，要想使语言课程需求分析成功进行，就必须联合学科领域专家与语言专家才可以。

2. 分析的参考框架

从大学 ESP 课程需求分析模型中看高校英语教学模式创新与发展研究，我们可以看出以下八方面的需求信息，各个方面的界定如下所示：①专业信息。学习者将要使用英语进行的任务和活动，也就是目标情境的客观要求。②个人信息。对学习者学习方法产生影响的诸如学习经历、文化水平、学习原因、学习目的、学习态度等个人信息。③语言信息。学习者已经掌握的英语语言知识和技能。④欠缺信息。指的是目标情境的客观要求与学习者已经掌握的英语语言知识和技能之间存在的差距。⑤学习信息。即学习需要，主要是指语言学习过程中用到的有效方法和技巧。⑥目标情境交际策略。语言、语篇以及体裁的分析决定着如何将所学语言应用到目标情境当中。⑦课程对学习者的要求。⑧环境情境。主要是指与课堂文化、ESP 学习者、大学英语教师个人情况等有关的课程环境信息。

三、大学 EPS 教材编写

（一）编写原则

大学 EPS 教材的编写原则主要包括以下五方面：①对教学计划进行整体优化的原则。也就是先明确该课程在整个教学计划中的地位和任务之后，再进行教学大纲的制定。这是因为不管是哪门课程，在教学计划当中都是非常重要的，所以制定的教学大纲除了能够保证每门课程在内容上具有衔接性以外，还要最大限度地避免内容上的重复和遗漏。②学科体系科学严谨的原则。在编制教学大纲时，要以本学科严谨的科学体系为基础，同时还必须要与本学科体系的内在逻辑结构相符。③科学性与思想性结合、理论结合实际的原则。就是要处理好学科内部的科学性与思想性、理论性与实践性之间的关系。④以学习为中心的原则。这一原则主要是用在选择教学内容和组织教学时。⑤稳定性与机动性相结合的原则。

为了进一步确保教学质量的稳定性，就必须先确保制定出的教学大纲能够保持一定的稳定性。此外，各高校还应该能够根据出现的一些新情况，及时地对教学大纲进行更新。

（二）教材编写的重要因素和环节

1. 教材编写的重要因素

教材编写的重要因素主要包括以下几方面：①教学目的。对于学习者的一些特定需求给予最大限度的满足，着眼于能够独立获取知识、解决问题以及自主学习能力的培养，从而使学习者的知识面更广、学有专长。②教学重点。就是要让学习者知道，怎样以目标语为载体，有效地完成专业信息交流和相关信息活动等。③教学内容。确定教学内容时应根据特定的专业以及相关职业，同时，还应将专业知识的基本结构作为框架，将具体的语言实践活动作为平台，将科技、经济、法律等一些多元信息作为承载内容。

2. 教材编写的重要环节

（1）从"需求分析"入手

"需求分析"是进行 ESP 教学最基础、最首要的步骤，进行"需要分析"其实就是寻求教学内容和教学方法的过程。通过"需求分析"，能够最大限度地减少选择教学教材时的盲目性和随意性。

（2）在评价基础上选用教材

①选择教材内容

教材内容要符合教学大纲所提出的总体教学目标和要求，此外，还应根据具体教学目标、师生需求以及学生的语言水平来合理地进行教材的设计和编排。

②教材内容组织

应当较为科学与合理地编排教材的先后次序，同时，还应遵循由易到难、螺旋上升的原则，力求使教材内容更具启发性、多样性、针对性、趣味性、拓展性、灵活性和时代性。

③教材内容展示

考察教材的媒介形式、版面设计的外观印象以及是否合理配置温习材料、音像教材和多媒体教材等。

④教材评估

可以说，这是选用教材的过程中非常重要的一个环节，若想使教材的适当性和有效性得到进一步提升，就必须要通过对教材进行不断的评估、修改和完善来实现。

（3）选择材料时要确保真实性

在进行教学的过程中选用更加贴近现实生活，紧密联系时代、社会以及学习者自身发展的材料主要有以下几点好处：①更能引起学习者的注意；②最大限度地满足学习者渴望从另一种语言视角看待身边问题的好奇心；③激发学习者的学习兴趣，从而感受到外语学习的乐趣；④使学习者在学习的过程中能够不断发现新鲜事物；⑤使学生的学习更加轻松且富有成效。

需要注意的是，要选用具有通用性、恰当性、适用性以及趣味性的语言材料放到教材当中，不能太过困难。所用到的语体也要尽可能地接近日常实际的交际语言，不管是在呈现方式上还是在练习形式上，都要能体现出英语学习的实践性，同时还应注意与教学法可操作性相衔接。

（4）充分利用语料库

存储在计算机中，数量较大的口语、书面语、两者兼顾的语言或者该语言某一范围内一部分有代表性样本的集合，即为语料库。它主要用于对词汇频率和词汇意义使用频率进行统计，以及提供词汇使用语境信息和语法在语言实际运用中的信息等。它是教材的语料源泉和教材的检验手段。

编写 ESP 教材时必须要满足以下要求：①必须要确保选编真实且地道的语言素材；②

能够符合学习者周边的现实生活；③最大限度地符合学习者的实际需求。根据上述三方面要求，就可以借助语料库来制订合理有效的解决方案。在语料库的基础上进行调查之后所得到的语言输入，能够帮助学习者学到更贴近现实、更具使用价值的语言用法。

（5）借助图片增添信息

实践表明，在文字材料当中搭配一些相关图片所产生的教学效果要比仅仅使用文字材料的效果好很多，这是因为图片是除了实物以外能给人带来最直观感知印象的一个主要途径。而且，这一感知印象的产生，能够刺激人脑建立新图式，同时还能进一步地增添和修改已有图式。

如果为教材中一些难度较大的文字材料配上相应的插图或照片，必然能产生以下两种效果：①帮助学习者自上而下地对无法正确解读的信息进行处理，加速他们对材料内容的理解；②使材料内容更加吸引学习者，从而提高他们探究的兴趣和欲望，进一步缓解他们的畏难情绪和消极心理。

四、大学 ESP 课程评估体系研究

（一）大学 ESP 课程评估的目的

为了进一步改进课程，提高课程的效果，这时候就需要对大学 ESP 课程进行评估。由于大学 ESP 课程是以学习者和学习为中心，所以，进行评估主要就是为了学习者，更准确地说，是为了更好地满足学习者的相关需求。

在学习的过程中，学习者的需求很可能会发生改变，所以需求分析应该是一个不断持续的过程。进行课程评估就是要对这些变化了的需求进行充分的了解，以及看这些变化了的需求是否得到了响应。大学 ESP 课程并不是一次性的，而是应该随着学习者相关需求的不断变化而及时进行调整。由此可见，评估大学生 ESP 课程的首要目的就是获取需求变化的反馈信息，改进课程。

（二）大学 ESP 课程评估的对象

大学 ESP 课程的评估对象是非常宽泛的，既可以是整个 ESP 课程方案，也可以是某一门课程或一门课程的某些方面。甚至教师也可以对自己一段时间内的练习形式或课堂教学方法进行评估，并根据评估结果来改进自己的教学。总结性评估能够对整个课程方案的各个方面进行考查，尤其是对课程的成本效益非常关注。从总体上来看，大学 ESP 课程采用的就是总结性评估。这种评估方式的主要评估对象如下所示：①对课程的管理；②对教

材的评估；③对教师的评估；④对学生学习效果的评估；⑤对教学方法的评估。总之，由于大学 ESP 课程是一个较为系统的课程方案，所以在对其进行评估时，必然会涉及课程建构的整个过程。

（三）大学 ESP 课程评估机构

由于大学 ESP 课程的目的主要是取代大学英语，其属于一种需要在全国推行的课程，所以，对于大学 ESP 课程的评估首先就应该是国家层面的评估。也就是说，应由国家统一进行大学 ESP 课程的总体评估和修订。

大学 ESP 课程评估作为一个国家层面的评估，首先必须要组织一个评估委员会，这个评估委员会中的评估人员应该由以下几部分人员组成：①主管高等教育大学英语教学的官员；②课程的设计者；③专业领域的语言学家；④各高校的 ESP 教师代表；⑤作为非固定成员的大学生。此外，还可以在课程评估委员会中加入企业界的相关人士。必须在综合了各方面成员的意见之后，才能形成反馈信息，只有这样，得出的结果才更有说服力。

（四）大学 ESP 课程评估的方式

总的来说，对于 ESP 课程的评估和对其他课程的评估是非常相似的，都主要可以归为以下两大类：①形成性评估。这是在整个课程过程中所进行的评估，评估得出的结果可以用于调整正在进行的课程。②总结性评估。这类评估主要是在课程结束之后进行的。

如果再进一步进行划分的话，还可以分为以下两种：①过程评估。这种评估方式关系到教学策略或过程以及管理和决策过程。②结果评估。这种评估方式对学习者的学习成果较为关注，比如考试结果和论文等。

大学 ESP 课程这一课程体系是相对独立的，所以，它的评估体系必须要能深入课程设计的各个阶段。大学 ESP 课程的评估方式是非常多的，但是其中重要的一种评估方式就是在课程结束之后，对学习者进行测试。

五、大学 ESP 教师队伍建设

（一）关于 ESP 教师的基本特征

1. 有共同的教学目标

教师们共同的教学目标就是进行大学 ESP 课程的教学，并且能共同承担实现这一目标的责任，他们之间有明确的分工，互帮互助，互相依存，逐渐形成了一个正式的，有着不同年龄、职称、知识结构、学历和学缘结构的老中青群体。

2. 有明确的教学改革目标

教学团队具有明确的教学改革目标。教学团队以实验教学基地、课程建设、专业建设等教学基本建设项目为目标，创新教育教学理念和教学模式，深入改革教学内容、教学方法和教学手段，力求培养出更高质量的人才和更高水平的教师，不断对教学资源进行整合，引导教师相互协作、互帮互助。

3. 有自己的团队精神

（1）内聚力

一个具有较强内聚力的团队，能够使团队中的每个成员都有一种非常强烈的归属感，从而就会把自己更多的精力用于团队的建设和发展，此外，这种归属感还能使每名成员更好地懂得相互尊重，做到胜不骄，败不馁。

（2）合作意识

所谓合作意识，就是能够合力发挥出一个团队的整体优势，从而使整体效益大于各成员效益之和，从而使大学 ESP 教学团队合作意识真正体现出"木桶理论"中的"缝隙决定原则"。

4. 有成员角色定位特色

教学团队有成员角色定位特色。于是便有人提出了"团队管理轮盘"，他们将八种特殊的角色划分成了四个比较大的范畴，即探索者、建议者、控制者和组织者。

（二）中国情境下的大学 ESP 教师培养

1. 建立专门的大学 ESP 英语教学部

只有设立了专业的部系，才能确立大学 ESP 课程在高校的地位。专业部系的设立就是为了管理课程的实施情况。在这个团队中，教师应该共同努力，让大学 ESP 教师在职业发展中找到空间，提高专业意识，这也是保证大学 ESP 教师地位的关键所在。如果教师的归属无法在学校中得到明确，那么必然会严重阻碍他们的职业发展，同时也会打消教师对自己职业的积极性。

2. 对教师按专业兴趣进行分类培训

目前，不管是普通大学的公共英语教师还是重点大学的公共英语教师，他们中的大多数都拥有硕士以上学位。尽管他们中的大多数教师都是语言专业毕业的，但他们既然能够留在高校任职，那也就意味着他们是非常优秀的。所以，只需要对他们的专业兴趣领域进行分类，之后再对他们进行一些基础的专业背景知识和基本的专业学科意识的培训就足够了。

初级阶段的大学 ESP 课程教师，虽然还没有接触过专业学科领域，但是受过专业基础背景知识的熏陶，培训的语言教师完全有能力在语言课堂上以潜移默化的方式灌输专业的基本知识和概念。

3. 寻求教师和学生合作教学的方式

大学 ESP 教师承担的最主要任务是针对具体的课堂进行教学，通过组织适当的课堂活动，帮助学生获得教学大纲和教材中的语言内容和学科内容。因此，ESP 教师必须具备语言教师应具备的知识和技能，同时也应成为学生专业知识和语言知识学习的促进者。

在中国情境下，大学 ESP 教师应在其现有的基础上进行培养。我们不能只注重大学 ESP 教师专业知识的形成，还应该为他们提供多种职业道路，激发他们对专业本身的热情，并探索与专家（专业教师或学生）合作的方式。当然，专业基础知识也是必要的。

第七章　大学英语其他教学模式

第一节　探究式教学模式

一、探究式教学的理论基础

（一）认知发展理论

皮亚杰的认知发展理论认为，个体的智慧和认识是在与环境相互作用的过程中发展的。他认为个体的发展既不是由客体决定的，也不是由主体预先设定的，而是主体与客体不断相互作用、逐渐构造的结果。学习的目的不是获得越来越多的外部信息，而是在与环境的相互作用中掌握解决问题的程序和方法。皮亚杰提出：关于儿童认知的发展，始终发生于个体与环境的不断交互作用之中，是一个在同化和顺应的作用下，不断进行重建和发展的过程。

当个体在面临一个新信息时，偏向于将其进行同化，并纳入已有的认知结构中。首先，若是同化的结果是成功的，那么，则获得一种暂时性的平衡。其次，若是无法将新信息同化于原有的认知结构中，那么个体会通过修改的方式，来使认知结构更加适应环境，从而实现一种新的平衡。

另外，关于同化、顺应，是一种双向的建构过程。这一过程，除了可以使新信息获得意义之外，还能促进原有认知结构的不断丰富、改造。同时，同化、顺应还是一种主动建构的过程，个体在这一过程中，要切实地参与进去，是一种在思维层面上的积极建构，而不是只在形式上摆弄某些材料。

探究式的学习更多的是发生在学生的头脑中的，并不是通过各种动手活动，来简单地对教材上的结论进行论证。实际上，探究式的教学会涉及许多带有开放、严谨特征的探索过程，包括提出问题假设、查找资料以及分析资料、形成结论等。通过探究式教学，一方面,使学生获得科学的概念;另一方面,培养学生科学的态度和素养,促使学生更好地掌握研究方法。

(二)认知结构理论

布鲁纳的认知结构理论反映了美国心理学由行为主义向认知观转变的大背景,反映了皮亚杰、乔姆斯基等著名的结构主义者的思想精髓。布鲁纳对皮亚杰的认知发展理论进行了深入研究,但他并没有停留在对于儿童的智力和认识的描述性解释上,而是进一步提出了如何促进儿童的智力成长的学习理论和教学理论。

一个人把同类事物联系起来,把它们组成赋予它们意义的结构,就构成了学习的实质,这是布鲁纳关于学习理论的观点。认知结构的组织和再组织的过程就是学习,知识的学习就是相关学科的信息能够被学生理解和吸收,并在学生头脑中形成合理的结构。学生学习任何一门学科的最终的目的就是要掌握这门学科的结构,并且通过其具有的编码系统或结构体系,可以将其表达出来。

布鲁纳认为,学生不是知识的被动接受者,而是积极的信息加工者,而学习过程也就成了一种主动发现的过程,教师可以通过发现学习把知识转化为适应学生发展的任何形式。发现学习不是布鲁纳的首创,但他从归纳推理和问题解决的角度赋予发现学习科学的理论基础,并对发现学习的行动、要素和步骤都进行了深入细致的探讨。

布鲁纳提出发现学习有六个步骤。第一,提出问题。指提出能够让学生产生兴趣和好奇心的问题,而且这一问题必须是明确的。第二,感受问题。指使学生通过感受到问题到底存不存在,以此来激发出学生的探究欲望。第三,提出假设。引导并提供给学生以多种可能的假设,帮助学生开阔思路。第四,收集资料。教师引导学生以问题为中心,收集与之相关的资料,并在这一过程中不断丰富学生的知识经验。第五,审查推导。指一方面组织学生以搜集到的资料为中心进行审查,另一方面引导学生以资料为依据并推导出结论。第六,总结分析。指教师引导学生运用分析思维,来证实结论、解决问题。

发现学习强调发现的方法和态度,突出认识是过程而不是产品,这与探究式学习的核心如出一辙。而基于发现式学习提出的教学方式对探究式教学也有重大的指导意义。

(三)人本主义学习理论

要探索心理学未来的发展走向,人本主义心理学最具有代表性。人本主义心理学重视人的价值以及人具有的发展潜能,强调人的自我实现的倾向,即人具有的发挥潜能的内在倾向。人本主义心理学认为,尽管认知心理学强调了人类的认知结构,但是却没有重视人类情感、价值等方面对学习者学习所能产生的影响,因此,人本主义心理学对认知心理学是持批判态度的。同时,人本主义心理学针对行为主义忽视人类本身特征的行为,即将人看作动物或机器的行为,也是持反对态度的。

人本主义学习论的诸多学者都针对学习问题进行了研究,罗杰斯是其中的杰出代表人物。他提出:学习是个人主动去学习,并强调学习不仅仅是这个人走进学校学习知识,更是带着自己的感情和情绪还有自己原有的认知去学习,最终通过学习激发自己的潜能,健全自己的人格,实现自我价值。每个人是独立的人,每个人的性格认知等都是不同的,所以当不同的人遇到同一个事物时,他们的体会一定是不一样的。罗杰斯提出学习是一个有意义的心理过程。对于学生来说,了解自己学习的目的至关重要。意义学习也是学习的实质所在。罗杰斯提出的学习理论,其特点体现在罗杰斯试图将认知与情感相结合,以此来培养出完整的人。罗杰斯关于学习问题的相关论述,使人们重新认识到在教育中情感所能起到的重要作用。

"以学生为中心"的原则,是由人本主义心理学家提出的核心教育原则。相关人本主义心理学家为了要使以学生为中心的教育原则得到确立,在教学实践中,要求学生在教学过程中,不仅要明晰自己的学习内容,还要明确自己的学习动机,要求学生切实地掌握学习方法和相关评价。

罗杰斯将学习分为两类。一类是无意义学习。是一种类似于无意义音节的学习。无意义学习的内容,不仅是缺乏枯燥、毫无生气的学习,还是很快就被忘记的学习。另一类是有意义学习。指一种科学探究式的学习,简单来讲就是一种"从做中学"的学习。有意义学习强调学习者出于他们自身的兴趣而学习,同时还比较重视学习内容与个人之间的关系。

总的来说,在教学过程中,一方面,教师要善于构造情境,并通过问题情境的构建,来让学生认识到知识具有的重要性,这样有助于激发学生的学习兴趣,激励学生在探究过程中使各种真实性的问题得到解决。另一方面,教师在教学中扮演着促进者的角色,教师要如科学家一样,引导学生去寻找关于解决问题的真正答案,包括为学生创设探究情境、对探究的步骤进行拟定等,从而让学生感受到探究过程中存在的苦与乐。

(四)简评探究式教学诸多理论

随着对探究式学习的日益深入的研究,以及对探究式教学理论基础逐渐增加的讨论,研究者愈发关注对其哲学基础、社会学基础、心理学基础、历史学基础和教育学基础等方面的讨论。

总体看来，薄弱和陈旧依然是关于探究式学习和探究式教学研究的理论基础的特点，主要集中于对其心理学基础的研究方面。尤其是近年来日益受到关注的建构主义学习理论，受到了探究式教学领域的重视和认真研究。但对其他作为人们探讨科学探究的重要理论基础的领域，如科学史、科学哲学、教育学、科学知识、社会学等领域的关注度还远远不够。

另外，也有不少人对探究式学习及教学的有效性的实证研究提出了质疑，认为更多的文献是靠相互引证对方的意见和断言作为自己的论据，缺乏实证研究数据，或者通过对不明确甚至是否定性的实证结果做出任意的推论来支持对方的观点。

由此可见，对探究式学习和教学的研究和探讨在其理论基础、实证基础、实施及评价方面还有待进一步深入和明确。对探究式学习和教学的研究需要在继承与吸收前人讨论的基础上，以探究式学习和教学的理论基础学科为依托，从学生知识建构的视角，以新的知识观与学习观为基础，抓住学生知识的自主建构这一本质与核心，理论结合实际，把基础学科中最新的研究成果与实践中最新鲜的、最鲜活的探索与创新一并吸收进对探究式学习与教学的研究中来。

二、探究式教学模式与方法

(一) 国外的教学模式和方法

1. 学习环教学模式

这一模式开始于20世纪60年代，这种模式还有一种较为广泛的称谓，即探究教学，这是一种具有较强影响力的教学模式。关于学习环教学模式，主要包括三个阶段。首先，是概念探讨阶段。这一阶段的主要内容是，使学生在教师创设的情境中通过自己的多种不同的探索活动、实际操作，由教师引导学生、帮助学生在自己的原有认知的基础上弄清新的观点。其次，是概念介绍阶段。在这一阶段中，主要是新概念的出现以及命名从未出现过的观点，都由学生自己阐述出来，教师用专业知识帮助学生形成科学的概念。最后，是概念运用阶段。这个阶段中的核心内容就是学生根据实际存在的情况，去学会运用刚刚出现的新观点。

总的来说，学习环教学模式经过发展，逐渐形成了一个相对完备的教学程序和策略，在这一模式中分为吸引、探究、解释以及加工和评价五个部分。这一模式更符合学生的认知特点。

2. 指导型探究教学模式

这一模式是指在探究活动时，教师只为学生提供所需解决的问题，有时也提供部分资料，学生一方面要对自己的信息数据进行概括，另一方面要明晰回答探究问题的方式。

3. 自由探究教学模式

这一模式是指在探究教学时，由学习者自己单独完成所有的探究任务。在众多的教学模式中，类似于自由探究。

4. 萨其曼探究教学模式

这一模式，顾名思义，是由萨其曼提出的。萨其曼探究教学模式是指科学家以探究活动为中心，创造性地对其展开观察与分析，用与教学法相关的因素相结合，通过概括，以此形成的一种教学模式。因此对于这样一个程序，即"问题—假设—验证结论"的程序，它是必须遵循的。萨其曼探究教学模式的出现，一方面使得科学家探索的进程再次展现出来，另一方面在提高学生的创造性思维能力和推理能力方面起着尤为积极的推动和提高作用。

5. 有结构的探究教学模式

这一模式是指探究教学时，教师不提供预期的结果，只提供给学生将要调查的问题，以及关于所需解决问题的可使用的方法和材料。学生在这一教学模式中要对收集而来的数据进行概括，通过观察与分析来找出其中的信息和问题的答案。

（二）国内的教学模式和方法

1. 问题探究教学模式

（1）问题的基本分类

①以涉及范围大小和难易程度为标准进行分类

第一，以问题涉及范围的大小为划分依据，可将问题划分为大问题、中问题和小问题。第二，以问题的难易程度为划分依据，可将问题划分为艰难的问题、简单的问题。第三，以问题的复杂程度以及人们对事物的认识水平为划分依据，可分为浅层次性问题与深层次性问题。第四，以问题是否涉及事物的本质为划分依据，可分为本质性问题与非本质性问题。第五，以人对问题本质的认识程度为划分依据，可分为真实性问题、虚拟性问题以及虚假性问题。

②以来源、性质和认知程度为标准进行分类

第一，以人类的活动性质为划分依据，可以将问题分为生活问题、学习和教育问题等。第二，存在于以生活、学习、工作和科研领域中存在的问题，以人的预见性和目的性为划分依据，可以将问题分为灾难性问题以及必须解决的不期而遇的问题等。

（2）问题探究教学的特点

教学的良好开端，就始于问题。从问题的角度出发，对学生的思维能力进行培养，相应地，教师的角色也会发生改变，在教学中，除了要扮演知识的传授者、讲解者以及促进者的角色之外，教师还要对问题进行精心设计。学生思维活动不断发展的重要动力，就是教师提出问题，这是一种外部动因，问题对学生的思维所能起到的作用，主要具有以下四个方面的特点。

首先，始动性。这一特点是指问题对学生的思维具有启发的作用，是推动学生思维发展的外部推动力。

其次，强化性。这一特点是指教师提出的问题，在目标方面愈高、在难度方面愈高时，对学生思维强度提出的要求就愈高。教师以问题来对学生的追忆联想、分析、综合、归纳、演绎、类比、概括进行引导，并进行创造性思维，从而获得新知。

再次，方向性和指导性。这一特点是指教师面向学生提出的问题，就已经为学生的思维发展方向和具体任务进行了规定。学生按照教师指出的既定方向进行思考，即将学生带入问题的具体情境之中，集中他们的注意力于特定的事物、现象以及原理之上。

最后，调控与调整性。这一特点是指基于教师提出的问题具有的始动性、方向性以及指导性，可以做到对学生思维发展速度展开控制与调整，即以教学目标为依据，一方面围绕着问题的难易程度进行调整，另一方面针对问题的强化性进行改变，这样做可以影响学生思维发展的进程，使其发生延缓或者是加速。

（3）问题探究教学的实施策略

首先，搭建民主平台，并使学生树立起主体意识。其次，从多角度出发，对学生的问题意识进行培养。再次，对备课模式进行改变，围绕着问题这一核心和主线展开。最后，要重视教学组织形式的重组，为学生创造出一个更大的探究空间。

（4）问题在探究式教学中的作用

①实现探究式教学

问题引发思维，探究从问题开始，没有问题就无从探究。教学中，提出一个设计巧妙的问题，常常可以一下子打开学生思维的闸门，使他们思潮翻涌、欲罢不能，或积极分析问题、寻找解决问题的办法，或主动收集信息、处理信息，或求助于人、合作交流……使学生深入思考，主动探究，积极发言，最终掌握知识，发展能力，形成一定的思想观点和个性品质。这种教师把学习内容以问题的形式呈现出来，给学生提供积极思考、主动探究的学习方式，替代了死记硬背、机械训练、被动接受的"灌输式"学习方式，改变了传统的过于注重知识传授的倾向，激发出学生积极主动的学习态度，是学生获得基础知识与基本技能的过程，同时成为学生学会学习和形成正确价值观的过程，完全可以讲，只有问题才可能使"以教师为中心"的教学转变为"以学生为中心"的教学。

②引发学生积极思维

思维是人脑对客观事物概括、间接的反映，是高级的理性认识过程，是人们智力的核心。国外有句名言："劣等的教师向人奉送真理，优等的教师教人发现真理。"这句话从某种意义上讲，就是要求教师在教学中要尤其注意培养学生的思维能力，开发他们的智慧。课堂上，一个设计巧妙的问题一经提出，学生就会开启思维的大门，围绕问题确定的思维方向付出持续的心理努力，收集信息、实验演示、分析、综合、比较、演绎、归纳、类比、概括，直接进入思维的操作，不解决问题，心里就会快快不乐。这种问题对思维的催动、引发作用，心理学上有着令人信服的解释。

③集中学生学习的注意力

问题的提出，能够将学生的注意力维持在一个较高的水平，保证了教学活动的顺利进行。当然，教师提出的问题，并不是都能使学生的学习注意力集中的，因此，教师要对问题的内容进行精心的设计，为促进学生注意力的进一步集中，为使学生的学习效果得到进一步增强，要最大限度地使问题的内容具备新奇性和思维挑战性两种特性。

2. 自主探究教学模式

关于自主探究教学模式，就是对学生的自主学习进行引导，以此来促使学生更加自主、自觉地展开学习，一方面使学生进行独立思考，另一方面使学生主动建构知识。

(1) 自主探究教学模式的主要特征

第一，在自主探究教学中，在重视学生的参与性的同时，还要重视适度合作探究具有的辅助作用。第二，教师是教学部分的主体，学生是学习部分的主体。在探究式教学中，由教师和学生共同构成了师生关系的主体，并且这种关系是带有主体性和民主性的。第三，在探究式教学中，一方面强调问题设计具有的合理性，注重教学具有的有效性；另一方面重视教学具有的多维互动性，同时注重教学方式具有的多样性。第四，在探究式教学中，首先，不仅重视教学过程的研发性，还要重视教学过程的开放性；其次，要充分发挥学生在教学过程中的主体意识；再次，既要重视学生创造力的开发，又要重视学生创新意识的发展；最后，重视教师对学生具有的引导、启发作用，同时还要自觉主动地推动探究和发现。

（2）自主探究教学中问题的解决方法

第一，自主探究教学中，教师除了要充分相信学生之外，还要能够促进学生主动参与，同时还能使学生的主观能动作用得到最大限度的发挥，学生在自主探究学习方面具有的积极性和主动性也得到最大限度地调动。第二，自主探究教学中，教师要以教学需要为依据，并与学生的实际情况相结合，展开适时引导。同时，教师还要关注探究内容，重视其所具有的适度性、可操作性以及趣味性。第三，自主探究教学中，教师要主动成为学生的一员，也就是及时介入学生的探究活动之中，同时，教师要重视课后的探究，并适当地对学生进行必要指导。第四，自主探究教学中，教师要在课前下发"导学学案"，其目的是使学生围绕着教学内容进行预习，并寻找到相关资料。第五，自主探究教学中，教师要及时更新观念，给予学生充分的可支配时间，并相信学生能利用好这段时间。

3. 合作探究教学模式

关于合作探究教学模式，是指在教师提出问题后，对学生进行分组，可以是4~6人，分组根据学生的性格特征和学习程度的不同混编组成，可以形成性格等互补，这样为学生创造一个积极互助的情境，以组的胜出为评价依据，让学生在这个情境中，为同一个目标分工合作，互帮互助，最终目的就是促进个人发展。

（1）合作探究教学模式的基本要素

第一，责任意识。这一要素是指小组中的任一成员都要尽可能地做到自己的工作，履行自己的职责。第二，学生要对自己和学习负责。这一要素是指在合作探究教学中，学生还要对小组内的其他成员的学习负责，而且要以积极的心态来共同完成探究过程。第三，学生的社交技能水平。这一要素除了是合作探究的前提之外，还是合作探究的结果。第四，小组成员的编组。以混合编组为原则，使一个小组的成员既能各具特色，又能实现相互之间的取长补短。第五，小组自评或团体反思。这一要素是指在合作探究教学的尾声，要能保证小组不断发展和进步。

（2）合作探究教学模式中问题的解决方法

第一，在合作探究教学中，教师提出的问题不仅要对学生具有一定的启发性，还要紧扣课堂教学内容，尤其是教学内容中的重点、难点。第二，在合作探究教学中，教师提出的问题要能最大限度地激发出学生的学习兴趣，教师还要对学生解决问题的过程进行引导，使学生探讨出的答案是相统一的。第三，在合作探究的教学评价中，教师要以学生的不同发展水平为依据，提出相适应的要求。第四，在合作探究教学中，教师要重视以学生为中心的心理辅导，平等对待每一位学生，使学生树立信心。

4. 情境探究教学模式

所谓情境，具体地讲，"情"是指人的主观心理，"境"是指客观环境是一种场景、一种氛围、一种形势、一种局面。综合地讲，"情境"是一种以形象为主体的，具有很强感情色彩的，能引起人们一定的情感、态度体验的场景和氛围。情境探究教学，其概念是指在教学过程中，教师创造出一个带有情绪色彩、形象生动的场景，通过一定的情感体验，使学生能更好地理解教学内容，促使学生的心理机能得到更好的发展。

（1）情境探究教学模式的基本原则

第一，轻松愉快的原则。这一原则要求教师要创造出一个轻松愉快的情境，并在这一情境中对学生解决问题的过程进行引导，使学生展开自己的思维和想象，并在其中寻找到正确的答案。第二，自主性原则。这一原则除了强调良好的师生关系之外，还注重学生在教学中的主体地位。第三，意识统一和智力统一原则。这一原则，一方面要求教学要充分考虑怎样使学生集中思维，使学生刻苦钻研的精神得到培养；另一方面要以学生为中心，考虑怎样充分发挥出学生以兴趣、愿望为代表的智力活动具有的促进作用。

（2）情境探究教学中问题的解决方法

首先，教师必须要对教材了如指掌，对学生具备的心理特点、智能水平有一定的了解。教师要依据学生心理世界具有的特点，采用适当的教学手段和方法。在创造教学情境时，要充分结合教材内容。其次，教师在情境教学法的实践中，要以各学科具备的特点为出发点，结合自身教学特点实现情境的创设。为实现这一目标教师要不断提高自身素质。

第二节 任务型教学模式

一、任务型教学理论概述

（一）任务型教学的提出

维果茨基在《思维和语言》一书中首先提出了任务型学习这一概念。他认为在语言学习过程中，语言学习所具有的社会性、学习者同教师和同学之间的互动性等因素能够对语言学习起到积极的促进作用。任务型学习方式较好地体现了语言学习过程中的这一特点，学习者能够在基于较为真实的社会交往的教学情境中完成互动交流的特定教学目标，显著地促进了学习者自身语言运用能力的提高。所以维果茨基认为，语言学习的过程就是通过学习者与他人的互动交流逐步形成学习者内在认知能力的一个过程。

威多森注重对学习过程的研究，他在功能意念大纲的基础上提出了过程导向大纲的概念，过程导向大纲尤其注重培养学习者的学习能力，而不仅仅是为了实现一个特定的学习目标。威多森认为，应当让学习者置身于特定的教学情境中去完成特定的任务，把完成任务而不是常规性的技能操练作为教学活动所要达成的教学目标，让学习者在完成任务的过程中去解决一系列的具体问题，在完成任务的过程中学会目的语言的恰当运用，从而不断提高交际能力。教学活动中设定的任务应当基于真实的社会文化生活情境，应当与学习者的日常生活内容密切相关。

（二）任务型教学的概念

任务型教学中的"任务"是整个教学过程中课程的有机组成部分，它绝对不是可以任意组合的，也不是可以孤立进行的教学活动，任务的形式是通过课堂教学使学生完成真实或模拟真实的工作、学习、生活等各种事情，以此来获得语言，教师在这个过程中主要负责设置情境、协助学生，而学生则是学习的主体。任务各方面的相互作用指向课程的总体目标。任务型教学不仅能够让学生学习英语语言知识，还能够促进学生使用英语，因此任务本身具有教育价值。

任务型教学不排斥语言形式的学习。任务型教学与传统教学的区别在于：传统教学根据语言结构系统的分析考虑语言项目，而任务型教学从完成任务的角度来考虑选择什么样的语言项目。也就是说，在任务型教学中，应该先确定任务，再根据任务选择语言项目。形式训练的目的在于培养学生完成交际任务的能力。因此，语言项目训练不会简单停留在练习阶段，而是通过运用这些语言形式来完成任务，提高学生的语言能力。

二、高校英语任务型教学模式的实施

（一）任务型教学模式的构成

1. 目标

学生在每一次教学活动中首先应该要明确的是此次教学任务的目标。这种目标指向通常具有两个意义，其一是任务本身的已经规定好的、需要达到的非学习目的，其二是通过任务需要达到的教学目的。例如，在案件侦破任务中，其非学习目的便是根据不断增加的线索进行判断推理，直至最后找出的罪犯。这里所说的目标，是指在一定情境完成之前就规定好的任务的过程和逐步达到任务教学拟定的目的，也是在该过程中所产生的语言的交流体会感受，以此来使学生的语言意识得到增强，学生的交际能力得到提高，并在语言交际过程中学会应用诸如表示假设、因果关系，或"肯定""可能""也许"等目的语言表达形式。由此可见，任务型教学被视为一种能够促进学生去进行英语学习的重要方法，在实施任务前，任课教师应该设定好它的教学目的，实施任务的过程中，任课教师应该观察是否有利于学习目的，任务完成后，任课教师应该总结和反思此次过程是否达到了预期的目的或者有无意外的收获。

2. 内容

任务型教学法中的内容要素可以简单地表述为"做什么"。任何一个任务都需要给予其实质性的内容，有可能会在现实生活中发生，不是假设的交际任务。任务型教学法内容在课堂中的具体表现，就是学生需要用语言去实施具体的行为和开展活动，从而把语言和日常生活中的应用相结合起来。

3. 程序

在任务型教学法中，学生在执行任务的过程中所涉及的操作步骤和方法等就是该教学活动的程序，它在一定程度上对任务表现为"怎么做"进行了解释，主要包括完成任务的时间、先后顺序和任务所处位置等。

4. 输入材料

任务型教学活动中，学生在执行任务的过程中会使用和依据一些辅助资料，这些辅助资料就被称为输入材料。输入材料可以是语言形式的，如新闻、指南、说明书、天气预报等，还可以是非语言形式的，如表格、照片、漫画、地图等。虽然这些输入材料并不是在每一次课堂任务的完成过程中都要求使用，但在任务型教学的设计中，如果都准备好此种类型的材料，则可以使教学任务的操作具备更加良好的可行性，同时能够使学习任务与学习行为更好地结合在一起。

5. 教师和学生的角色

任务型教学并非都要明确教师和学生在教学任务中所要履行的角色，但教学任务大多会暗含或反映教师和学生的角色特点。在教学任务完成的过程中，教师既可以去参与，也可以只是对该任务进行监控和指导。在教学任务的设计过程中，设计者需要考虑为教师和学生做出明确的角色定位，以使教学任务能够顺利高效地进行。

6. 情境

在任务型教学中，某一个或者某一组教学任务要想被完成，必须要把该教学任务放到一定的环境中去，或者说必须要给该教学任务提供一定的条件，这样的环境和条件被称之为情境，主要指英语语言的交际语境，也可以指课堂任务的组织形式。在教学任务的设计过程中，教师作为设计者，如果能使教学任务情境比较贴近学生能感受的生活实际，那么，学生对语言和语境的关系的认识程度就会得到相应程度的提高。

（二）任务型教学模式的特点

1. 任务设计要注重个性差异

任务的设计要根据学习者的个性特点区分任务的复杂和难易程度。任务难度过小、过于简单容易使学习者丧失学习的热情和兴趣，任务难度过大、过于复杂则容易使学习者产生畏难情绪，挫伤自信心。要充分挖掘每个学习者的潜能，激发学习者的求知欲望，培养学习者独立思考的能力，使每个学习者在完成任务的过程中都能有积极参与的机会和空间。为此，教师可以根据不同的教学目标设计不同形式的任务，提供具有不同难度和深度的教学资源，让每个学习者都有切合自己能力水平的任务要完成，使学习者产生更持久的学习热情，并且引导学习者不仅关注语言表达的形式，更重要的是关注语言的意义和功能。

设计任务时还要做到由浅入深、由易到难，形成任务难度的循序渐进，采取的任务类型也要做到形式多样、各有侧重、交叉运用。在任务设计中还可以根据教学主题的需要，充分考虑学习者的原有水平和实际情况，设计由多个具体任务构成的特定的任务链。适度运用脚手架原理，给予学习者必要的支持和指导，使学习者享受到完成任务所带来的心理愉悦。

2. 任务实施要注意互动合作

任务的实施主要以小组活动为主，小组形式多种多样，教师可以针对教学需要经常变换小组活动方式来完成不同类型的任务，通过小组活动可以增加学习者的交际实践机会。任务实施过程中要注意引导学习者树立团队意识，注重与他人的交流合作，每一个参与者对小组及自己在小组内的角色都应当负有责任感，与小组成员交流、沟通、共享信息。学习者从接受任务、准备任务、执行任务、报告任务到分析任务的各个环节，需要充分发挥主观能动性，通过小组成员的团结协作共同完成任务。

同时，教师要为任务的实施创设真实的教学情境。情境设计要以学习者的生活经验和兴趣爱好为出发点，容易使学习者产生亲切感，能激发学习者的好奇心、求知欲和感悟能力，增加学习者使用目的语言的机会，提高语言的实际运用能力。要与现实的社会生活紧密联系，使学习者在一种自然、真实的情境中体会和学习语言，有利于发挥学习者的主观能动性，有利于学习者学习积极性的调动和提高，有利于培养学习者人际交往、思考、决策和应变能力，有利于激发学习者的想象力，有利于培养学习者创新思维能力，有利于促进学习者的全面发展。

3. 充分发挥教学主体的作用

有效的语言输入是语言习得的前提和基础，教师不仅要提供大量的、新鲜的语言输入材料，还要考虑输入语言材料的真实性、针对性、知识性和多样性。而学习者则是通过体验感知、交流讨论和合作探究等学习方式积极主动地开展自主学习，培养听说读写等各项语言技能。

尽管教师在课前拟订了详细的教学计划，但在课堂教学中会产生许多不确定的因素，当学习者不知道如何实施任务时，需要教师随时进行指导监督，教师也应提高学习者根据不同类型的任务获取语言资源的能力，推动任务的顺利进行。同时学习者要学会自主管理学习过程、自主控制学习进度、自主选择学习策略、自主检验学习效果，提高自主学习能力。

任务型教学倡导参与式教学方式，教学过程、教学方法是开放式的、持续的、动态的，每个学习者会根据自己的学习体验形成不同的结论，而教师给出的结论也不是唯一的，往往有多种解决问题的方案，教师往往需要和学习者共同学习。同时，任务的完成需要学习者充分表达自己的看法和观点，就自己感兴趣的问题进行深入讨论，同时难免会在语言表达的过程中出现各种语法错误和不恰当的表达方式，这在语言学习过程中是难以避免的。

4. 任务完成评价

任务型教学把学习者的任务完成情况作为评价的目标，教师可以在课堂教学过程中随时监测学习者每一项任务完成的进度和结果，以此来评估学习者对教学内容的掌握程度和学习效果。在课堂教学过程中也可以由其他学习者就完成任务情况对他们进行同伴评价，这种评价可以是与课堂教学同步的即时评价。

（三）任务型教学模式的设计原则

1. 真实性

教师在英语课堂教学中，设计教学任务或活动时，首先需要考虑其真实性，要尽可能地选择贴近学生生活实际的教学活动，考虑在生活中这些语言交际会在什么情境下发生。这里的真实性是指，在设计任务时，尽量设置真实的情境或者类似于真实的情境，这一点相当重要,因为语言都是在真实情境中使用的,假如都是虚拟的毫不存在的情境,语言就失去了其交际的意义,即使学生学习到了语言知识,他们也很难将其迁移到真实的生活中。因此,英语教师在对语言交际发生的情境进行设计时有必要提供各种教学手段,让学生能够理解情境,在实施任务时能做到身临其境,将已有的语言知识积极地调动起来,以解决此次情境中的问题。绝对真实的任务情境在教学中是基本不可能设计到的,因此真实性原则可以理解为尽可能地贴近生活。

2. 信息差

信息差是指由于每个人社会经验不同,认知也会不同,在交流沟通时,共享信息作为起点,也是交际的基础,信息差的存在可以激发学习者在语言交流时的表达欲望。交流时各自分享一些自己的信息,同时也渴望得到新的信息,学习者进行语言交际就是为了获取新信息。学习者在执行任务交际时会忽略语言形式,更在意的是语言意义,关注任务本身。

3. 互动性

互动性是指在语言交际时是互动的,是双方或多方互相进行的,像讨论、辩论等,日常生活中的交际一般都是双向的,较少出现单向交际,如自言自语等。当交际双方在互动时会进行意义协商,这不仅能增加学生的学习机会,还有利于语言知识的建构和语言概念的形成。教师在设计教学时应该注重互动,开展问答、讨论等活动。

4. 素质能力培养

学习英语是为了能灵活自如地应用到现实生活中,这不仅要求学习者能掌握语法技能等专业知识,还要求学生可以用它实际交流。为满足当今社会对人才的需求,教师在设计任务型教学时也应注意培养学生的综合素质能力,综合素质能力除了包括自主能力之外,还包括探究、交际、创新、分析问题和解决问题等能力。

5. 重视做事过程

在任务型教学中,所谓做事的过程,就是运用语言去完成相应的任务的过程。教师设计教学任务,让学生动手动脑,用语言去分析问题、解决问题。学生要根据在情境中遇到的实际情况,采用恰当合理的语言去进行交流,为了很好地解决问题、高质量地完成任务,不一定非要因循守旧和中规中矩,学生是可以创造独特的方法的。任务型教学将学习语言看作是"做中学"的过程。

6. 难易适当

英语是一门语言学科,学生的语言获得能力方面的个体差异会导致每个学生英语学习的获得程度不一致，教师在设计任务型教学时，应该充分考虑到每个学生的不同之处，使设计的任务难度和完成任务的可能性符合学生的能力发展水平，这样才能帮助学生对任务的理解，从而完成任务。假如教学中的任务难度过高，学生就会感到茫然，容易打消学习的积极性，在课堂上可能会出现冷场。反之，如果任务难度过低，学生就不会重视，不利于培养学生的语言能力。因此，教师应该在任务设计之前就充分了解学生，确定学生的最近发展区，并以此作为任务设计的依据。

7. 趣味性

在英语教学中，教师应该调动学生的学习兴趣，带着兴趣去学习不但有助于学生集中注意力，还能调动学生参与任务的积极性。因此，教师在设计教学活动时，活动内容要符合线下生活的背景，找出当下学生的兴趣点，结合课程要求，设计出有趣味性的丰富多彩的活动，让学生在实践合作中完成任务，体验到学习的乐趣。

8. 结合教材

在任务型教学中，教师应该结合教材内容设计教学活动，包括复习以往的语言点和操练新的语言点。一个教学活动是为了所学习的某一课而设计的。这一点在设计任务时可能会被教师忽略。教学活动是任务设计时应该考虑的一个方面，也是评价课堂质量的标准之一。教师应该分析教材，把握教材中的重点和难点，帮助学生找到新旧知识的连接点，有利于建构新知识。

9. 操作性

教师设计的教学任务应该具有可操作性。如果完成任务需要利用很多道具，必然会给师生带来负担，因此不能成为常规的教学任务。教师应该考虑完成任务的时间，不宜过长，一般在一个单位时间内应该完成。教师可以为了简化任务、节省时间而去借助于直观的教具、现代多媒体等教学方面新型的辅助手段。任务设计应该简洁明了，使得该任务可以得到重复利用，可以进行文字修改，以此能够减轻教师负担。

（四）任务型教学模式的启示与不足

课堂教学的具体内容和环境设置应当与目的语言的社会文化情境、学习者的日常学习生活内容和交际活动的实际需要结合起来。由于学习者在日常生活和人际交往中使用目的语的场合和机会很少，教师在任务实施过程中尤其应当注重创设模拟真实社会生活的教学情境，为他们提供学习和交流的环境和条件，鼓励学习者的交流互动和合作学习。

采取任务型教学模式使得语言教学从注重语言结构功能的学习转向注重语言实际运用

的实践，有利于提高学习者的语言运用能力。但是课堂教学如果只是以完成设定的任务为主要目的，缺少系统规范和大量有效的语言输入，学习者的语言能力并不会产生根本性的提高，学习者的语言运用只能是在低层次循环。

任务型教学充分体现了以学习者为中心的教学理念。教学过程不再只是围绕教师这个中心来展开，教师不再只是语言知识的讲授者，开始越来越多地成为教学过程的组织者和指导者，而学习者则越来越成为教学过程的中心，开始由语言知识的被动接受者转变为教学过程的参与者和实践者，成为语言知识的主动建构者。教师的这种角色的转变有利于促进教师自身素质和能力的不断提高。

第三节 多模态教学模式

一、英语多模态教学的背景

（一）感知模态产生

研究发现，在逐渐演化的过程中，生命体会获得不同的感知通道，常见的感知通道有五种：其一是视觉通道，它是通过眼睛获得的；其二是听觉通道，它是通过耳朵获得的；其三是触觉通道，它通过皮肤获得的；其四是味觉通道，它是通过舌头获得的；其五是嗅觉通道，它是通过鼻子获得的。通过这些生命通道，生命体就可以同周围环境进行信息交换，甚至生命体能否在这个弱肉强食的大自然中很好地生存、不断地繁衍，都取决于这些感知通道能否很好地进行相互作用，能否快速地对周围发生的变化进行有效的反应。

此外，这五种感知渠道还会产生相对应的五种交际模态，其中，视觉模态和听觉模态与话语分析的关系是最为紧密的。

（二）媒介、模式同模态的差别

在进行多模态话语分析时，会经常用到这三个词语，即模式、媒介和模态。在某种意义上，这三个词语之间是存在着一定联系的，并且它们之间的联系又没有一个非常明确的界限，所以很容易会引起一些混乱和误解，要想消除这些混乱和误解，就必须要对这三个词语的含义分别进行详细说明。

1. 模式

所谓模式，指的就是一种交流渠道，它作为一种话语模式，是系统功能语言学家所说的话语范围和话语基调并列的语境三要素之一。常见的模式有书面模式、口头模式以及电子模式等，信息的流动和语篇应该具备的一些特性都会在这些模式被使用和发生变化时，受到一定程度的影响。

2. 媒介

从严格意义上来说，媒介在语言学和符号学意义上都不能被看成是一种术语，它主要是指在语言交际过程中所使用的技术。

3. 模态

虽然它与情态有相同的英文名称，即 Modality，但是这两个词语的含义却并不相同。情态主要是指在一个语言系统当中，说话者对事物的可能性和必要性进行判断，并表明自己态度的语义系统。模态则主要是指包括技术、图像、语言、音乐和颜色等符号系统在内的一种交流渠道和媒介。

二、多模态教学模式的理论基础

（一）教育学、心理学理论基础

1. 大学英语教学研究的学科定位

经过无数次的实践之后，外语教学告诉我们，仅仅语言这一个要素是不能组成语言教育的，它是多层面立体结构，是由众多要素一起构成的，也就是说，除了语言要素以外，与语言教育直接相关的要素还有教育学、心理学以及社会学等，所涉及的内容也是语言学很难涵盖和取代的，如教材、教师、学生、教学目标以及组织管理等。

如果是按照"教育学→各学科的教学→外语教学"这样一个路线图的话，那么就不仅仅是将外语教育归到应用语言学的范畴，而是应该把它看成是教育学的一部分。划分完成之后，就应该将教育实践作为外语教学的出发点，并且还应该将语言在教学过程中所起到的作用作为教学的重点。可以说，教育语言学具有很多重要的特征，这也使得这门学科具有很强的独立性。不管是从理论上来说，还是从实践上来说，在研究高校英语教育教学时，如果能够做到从教育语言学的理论视角出发，那么也就意味着研究具有合理性。

2. 认知负荷理论

除了建构主义以外，认知负荷理论是另外一个对教学起到指导作用的心理学理论，且在教学中有着举足轻重的地位。该理论假设人们头脑中知识结构是由短时记忆和长时记忆组成,短时记忆又叫工作记忆,学习是在长时记忆以图式的形式建立知识,教学则是为了能在学生的长时记忆里储存信息,工作记忆储存信息的时间短,容量也小,而长时记忆时间长,容量大,而进行图式建构可以使工作记忆的负荷得到有效减轻。如果在工作记忆区对一些新信息进行处理,就能建构图式,建构完成后,就可以投入应用,直到获得反复的成功之后,才能真正实现图式自动化。

记忆在学习中所能够起到的作用是认知负荷理论的一大关注点,该理论认为,若想实现有效的学习,非常重要的一点就是能够对认知资源进行较为合理的分配。由于工作记忆的一个非常显著的特点就是存储容量非常有限,再加上认知资源的总量是恒定不变的,因而认知负荷理论就得出了以下结论:如果能够在设计教学的过程中最大限度地将一些不必要的认知负荷从制定的学习任务中移除,那么必然会使学习者的学习效率得到很大程度的提升。

此外,在研究认知负荷理论的基础上,研究者还提出了促进教学的教学效应,并根据学者的认知不同做了具体划分,适合初学者的包括样例效应、分散注意力效应、形式效应,有一定专业知识的学习者适合专业知识反效应、冗余效应、想象效应。这些研究对进行外语教学设计有非常重要的指导和帮助作用。

3. 学习理论

学科和学科之间往往都是相互影响、相互渗透的,如教育学和心理学所形成的交叉学科就是教育心理学,这种现象也是现代科学发展的特点之一。学习理论主要就是对教育心理学的核心内容进行研究,可以说,该理论对大学英语的教学和研究所起到的指导作用是非常巨大的。

4. 课程与教学论

(1) CBI 理论

该理论的教学原则主要体现在:①其核心是学科知识;②其所适用的都是真实的原材料;③对于不同的学生群体,其都能够很好地满足和适应他们不同的需求。

该理论的教学模式主要有四种:①主题模式;②课程模式;③辅助模式;④沉浸模式。教师在选择使用哪一种或者哪几种教学模式之前,应该充分结合自身所处的教学环境以及所涉及的教学层次、教学对象,同时还应考虑到所要达到的教学目的等。

(2) 多元识读教学法

经济全球化使得文化呈现出了多元化的趋势,同时也加深了交流的多模态化和语言的多样性，并且由于逐渐增强的语言和文化的地域多样性和全球关联性，以及新媒介时代交流表达形式的多模态化，也直接导致了多元识读教育的产生。主要体现在以下两方面：一方面，在全球化的背景下，各国的文化都相互融合和交流，似乎世界都开始变得越来越小，文化和语言都逐渐呈现出了多样性和多元化的趋势，这也就直接导致了多元识读的产生。在这一背景下，英语在不同的文化和社会背景中都得到了非常广泛的应用，同时它也逐渐成了一种全球性的语言，这也就使得在使用英语进行交流时，不仅具有跨文化性，同时还具有多样性。另一方面，在新媒介条件下，多模态化的趋势已然在表达方式中逐渐呈现出来，这也直接导致了多元识读的产生。之后，新媒介得到了迅速发展，这也在很大程度上改变了人们的交流方式。主要体现在人们的交流方式已经不仅仅只是局限于文本，他们逐渐倾向于通过将书面语和口头语相结合的方式进行交流，也就是有效结合视觉、听觉、手势、触觉和空间等模态，从而使得人们之间的交流具备了多模态的属性。特别需要注意的是，这种交流方式的改变，要求学习者必须要具有足够的能力去理解和掌握那些越来越重要的媒体表现形式。

（二）哲学基础

1. 主体间性哲学观与间性理论

（1）媒体间性

媒体间性是指不同媒体间的相互作用、相互联系的关系，关注的是媒体之间互相作用而产生的传播效应。现如今多媒体走进课堂，正确地使用多媒体教学，使教学多元化立体化，可以增加学习的互动性，活跃课堂气氛。

每一个媒体不仅有其独特的个性，同时各个媒体之间还存在着一定的共性。新媒体的主要作用就表现在对师生主体之间、生生主体之间的主体间性进行着强化，与此同时，强有力地促进主体间性的发展的，则是新媒体的多向性和互动性。

（2）语言间性

在语言的指称功能、意动功能以及交感功能之间会有一定的不协调和错位表现出来，这个被称为语言间性。通俗地讲，就是主体在使用两种不同语言的时候，有一定的空间障碍发生在他们进行沟通的时候，这个空间障碍是客观存在的，并不会因为主体的主观意识而绝对不存在。

由于两种不同语言之间会存在内在的差异性，理解度的波动性就会出现在双方在进行沟通的时候，此时这种波动性的产生就是语言系统的二元性特征的充分体现，也是客观存在的，换句话说就是语言系统同时存在着开放性和封闭性。语言系统的这种特征直接决定着语义的二元性，语义的弹性特征导致了语用双方的沟通仅仅只是一种可能。

纵观中西语言文化交流的历史，如果从宏观上来看的话，我们可以发现，语言的同化和异化，为语言的主体间性理论提供了证据和补充，同时，对于语言多样性的维护和发展来说，其还具有非常大的参考价值。由此可见，国家需要在宏观语言政策方面对其给予足够的重视。

（3）文化间性

所谓的文化间性，其实就是跨文化性。只要在文化学领域里有着间性思维模式的应用，文化间性这一问题就会出现，换一个角度来看，在文化领域出现的这种具体体现，折射出的是西方哲学中的主体间性问题。文化共生、互动和意义生成这些特征就会呈现在不同文化主体与生成文本的对话关系中，因此，要加强主体的网络跨文化素养，还应在大学英语的教学过程中去引导学生进行一定强度的跨文化学习。

（4）文本间性

一个特定文本与其他文本之间的关系，被称为文本间性，也叫互文性。所谓其他文本，指的就是被改造过的文本，而这种改造是在对该特定文本引用、改写、吸收、扩展的基础上或是直接在总体上进行的，可以说，包含具有各种可识别形式的其他文本是所有文本的都有的特性。"语篇间性"可以从本质上很好地被用来替代"互文性"，它不仅包括多个已确定文本之间的关系，即"跨文本性"，也包括某一文本对其他文本的扩散影响，即"文本关涉性"。

2. 间性理论指导下的多模态课堂教学原则

（1）基于主体间性的交互性教学原则

在主体间性的语言观和外语教学观的引导下，能够最大限度地恢复外语教学原来所固有的特征。新的哲学范式和方法论原则能够直接影响外语教学的目的、外语教学的过程以及外语教学过程中教师和学生之间的关系，并且，这种影响是积极的、深远的，而这些范式和原则是主体间性所提供的外语教学活动中的主体，毫无疑问，一定是教师和学生，其客体则是该教学活动中所要完成的任务，我们称之为教学内容。外语教学的教学内容主要是由相关课程、所用到的教材以及其他教学资源共同构成，具体的实践结构模为"教师—教育内容—学生"。从本质上来看的话，主体间性理论就是主体交互性。

目前，我国的很多高校在进行外语教学时，都严格遵循着这样一个教学原则，那就是将学生视为教学的主体，而教师则主要是起到主导的作用，同时，这也充分体现了主体间性理念。交互性原则除了是一个教学组织原则以外，同时它也是一个学习行为原则，也就是说，该原则不仅可以直观地将一名教师的教学理念和教学方法反映出来，同时还能够直观地将每名学生的学习理念以及所采用的较为有效的学习策略反映出来。

（2）基于媒体间性的多模态教学原则

要想不断地创新课堂教学媒体、课堂教学模式以及课堂教学模态，就必须要对媒体间性进行深入的探讨。随着新媒介时代的到来以及不同媒介之间的相互融合，使得人们开始注重对媒体间性的研究。

传统的教学系统都是相对比较孤立和封闭的，但是自从有了新媒介技术的介入之后，教学系统逐渐变成了一个开放和动态的系统。教学系统在受到教学媒体要素的强烈作用之后，它其中的各大要素就都会被融入一定的技术因素，这也是为什么教学系统会变得越来越复杂和多变，也正因如此，才为大学英语教育教学改革发展提供了更加广阔的空间。

此外，由于教学系统各要素之间的交互关系过于复杂，所以就更应该特别关注教师和学生之间、学生和学生之间交流的有效性，以及他们对相关技术运用的灵活程度等，具体体现在以下两方面：①体现在教师与学生进行的直接对话上，也就是通过语言进行的交流。同时，也体现在间接对话上，如体态或者眼神之间的交流，这种对话方式充满着随性，是教师和学生之间的即兴对话，但这种对话往往却也是最真实的，这种真实的交流对学生更深层次地理解教学内容有非常大的促进作用，同时也能帮助学生培养他们的独立构建语义网络的能力和协作共进的素养。②自从大学英语教学中普及了计算机网络技术之后，以网络为基础的教师和学生之间的交流、学生和学生之间的交流以及学生利用网络进行的自主学习都在很大程度上扩展了英语教学的边界，从而使学生在学习成长的过程中更能突出自己的个性，使他们的团队意识和合作精神得到进一步培养。

（3）基于文化间性的跨文化教学原则

在跨文化哲学当中，文化间性属于一个相对比较重要的范畴，具有多元文化共存、交流互识、意义生成的特点。可以说，它是处在语言的基础上，但是又超越了语言的一种隐形间性。在大学英语教学中，不仅要将跨文化原则渗透到基于主体间性的教学理念、教学模式和教学方法中，而且要在媒介间性的基础上，对媒体进行不断创新，从而促进文化交流、传播以及多元文化资源的开发利用。

此外，大学英语课程教学的一个固有属性就是跨文化性，这在教学课程设置、教学计划、教学组织、教学内容、师生和生生之间的交流方式、社团活动以及教学资源建设等方面都有所体现。它所反映的不仅仅只是该学校的文化风貌，同时也是对教师跨文化素养和教学水平的一种反映。可以说，它对学生跨文化交际意识的培养是非常有帮助的。

（4）基于语言间性的外语教学原则

除了需要遵循以上几项原则以外，大学英语课堂教学还应该遵循外语基本教学原则，之所以要遵循这一原则，主要是取决于大学英语的课程性质以及大学英语教学研究的学科属性。常常会被用到的外语基本教学原则主要就是基于中介语、母语迁移等二语习得理论的教学原则。

（5）基于间性整合的教育生态学原则

生态化教学应该算是大学英语多模态教学的一个最为理想化的状态。大学英语多模态教学应该在遵循交互性教学原则、多模态教学原则、跨文化教学原则及二语习得教学基本原则的基础上，对间性理论、教育生态学、建构主义学习理论等进行综合运用，从而使大学英语教学模式更加多元、动态、系统和生态化。

总的来说，就是要对多媒体网络和大学英语教学各要素之间的生态平衡进行较为全面的整合和协调，只有这样，才能使大学英语教学改革得到进一步推进，才能在多媒体网络环境下实现大学英语教学效能的最大化。

（三）语言学理论基础

1. 二语习得理论的研究领域及其主要流派

早在20世纪60年代末，就已经有了对二语习得的研究，作为一个相对独立的学科，人们对它的研究主要涉及三个领域：①对于中介语的研究；②对于学习者内部因素的研究；③对于学习者外部因素的研究。其中，在这三大类研究领域中，每个研究领域又被分成许多个小类的研究对象。研究的重点主要就是以上三大领域内的因素，除此之外，对于各大类之间的关系和各小类之间的关系的研究也应该重视起来。

2. 我国的外语学习理论研究

在很长的一段时间里，我国都是在结合了以往外语教学实际的基础上，同时依靠引进外国理论来开展应用性的二语习得理论研究的。但与国外的第二语言学习相比，我国外语学习表现出来的特点是完全不同的，因此，我们必须要结合我国外语教学的实际，采用一个较为谨慎的态度来对待国外的语言教学理论，特别是对第二语言习得理论，要更谨慎和重视。

除此以外，我们在对国外理论不断地吸收和借鉴的过程中，还应该从我国学生的实际出发，对他们学习外语过程中存在的特殊性进行全面且充分的考虑，只有这样才能在不断探索的过程中，建立起一套符合我国特色的外语教学理论体系和切实有效的方法。

三、多模态教学的选择原则

所谓在语言教学中运用多模态，指的就是让学习者在语言学习的过程中能够同时调动起眼、耳、手、口等感知通道，从而能够很好地将以往抽象且单调的学习内容变得更加动感、形象、多样和生动。

多模态教学理论认为可以通过不同的渠道和教学手段，如网络、图片或者进行角色扮演等，充分将学生的多种感官调动起来，从而能使这些感官在学生语言学习的过程中协同运作。同时，该理论还注重对学生多元读写能力的培养。

在英语教学中采用多模态的教学方式，能够让整个课堂更具活力，对于活跃课堂气氛有很大的帮助。但是需要特别注意的是，在实际的课堂教学中，如果使用了多模态教学方法，那么为了更加突出知识点，就必须要严格遵循相应的原则来对用到的多模态进行选择，只有这样才能使学生更容易记忆，学习成效自然而然也就得到了提高。

张德禄认为，对现代媒体进行充分利用是模态选择的总原则，同时，还应将讲话者所要表达的意义最大限度地体现出来，力求取得最佳效果。在多模态话语交际框架下，可以根据有效原则、适配原则、经济原则这三个原则来选择模态。其中，前两种原则还有自己的次级原则。

（一）有效原则

有效原则指的是不管是哪种模态，都应该在能够取得较好教学效果的前提下进行选择，只有这样，才能有效避免对模态的无效使用，才能使产生的正面效应大于负面效应。在教学中运用多模态对增强学生的记忆有很大的帮助。然而，没有考虑到学习效果的模态或者几种组合起来分散学生注意力的无效模态，都是没有任何意义的。有效原则可分成以下两个原则。

1. 工具原则

多媒体技术的使用可以为教师和学生创造出真实度非常高的语境。①教师可以多搜集一些拍摄于真实交际场景的视频作为外语教学的学习材料，从而让学生能够对真实语境中的实际情况有一个更加真切的了解和认识，让他们能够获得更加具体的语境知识。②教师可以充分利用网络视频的功能，提供更多的机会让学生和以英语为母语的同龄人以网络视频的方式进行沟通和交流。③教师可以给学生多看一些真实语境的图片或者文字，帮助他们对真实的交际环境有一个更加深刻的了解。总的来说，与单模态话语相比，多模态交际能够从多方面为学生提供更多的获得信息的机会，有利于学生的理解和记忆。

2. 引发原则

所谓引发原则，指的就是利用现代技术，为学生提供内在的动力，让他们心甘情愿地参与到教学活动中来，也就是将外在因素转化为内在因素。例如，通过提供新颖的图片、特殊物品、有趣的简笔画、艺术字等，吸引学生的注意力，激发学生的学习兴趣。

（二）适配原则

在对不同的模态进行选择时，就要充分考虑两种或者几种不同模态相互之间的配合程度，以便找寻出最好的搭配方式。与有效原则一样，适配原则有次级原则，主要包括以下几种。

1. 抽象具体原则

在外语教学过程中，教师可以选择其他方式，以在遇到抽象、模糊或不熟悉的知识时提供特定的信息，从而使学生可以更清楚地了解自己的教学内容。以英语教学中的语音教学为例，当教师向学生介绍语音符号的发音规则时，学生获得的知识就是抽象的。如果教师借助语音、口型和发音来显示具体的发音，那么原本抽象的发音方法将更加形象、具体、直观，此外，学生还可以直观、生动地理解和掌握语音字母发音的基本要领。

2. 强化原则

所谓强化原则，主要是指在教学中使用多种模态来增强学生对语言知识的理解。例如，在教学过程中，可以通过PPT（幻灯片）、影视等方式来介绍文化背景，而不是仅仅采用教师向学生介绍的简单口头方式。单词和口头描述与图片和电影的结合使学生对语言的理解更加深刻。

3. 协调原则

所谓协调原则，主要是指使用多模态协调来恢复人类社会交流的本质，也就是说，不能仅由一种媒体完成的交流任务就可以由其他媒体来补充。该原则更加注重对模态的协调，而不是对其他模态的过度使用，也就是说，要根据教学的需求来选择模态。并且，各模态之间并不是随意组合的，也不会相互抵消和排斥，而是相互结合、协调运作的。

4. 前景背景原则

所谓前景背景原则，主要是指在外语教学中，语言交流是最主要的方式，即语言交流是主要模态，而其他模态则主要是提供了背景。例如，在英语视听口语课程中需要播放电影，那么相关的电影背景、电影中的人物、对于电影情节的介绍以及电影完成之后所进行的主题讨论就是前景，而电影的播放只是起到了辅助的作用，所以往往会被视为背景。

（三）经济原则

所谓经济原则，主要是指所选择的教学模态不仅是最优的，还应该是最简的，也就是说，选择的过程是在这两个条件的矛盾之中进行的。这里所说的最简，主要是从经济的角度来考虑的，这也就意味着，选择的模态要尽可能简单。目前来看，许多教师都倾向于选择多媒体等一些较为现代的技术设备，虽然这些技术设备的价格相对较高，操作起来也相对复杂，但是，它们对教学效率和教学效果的提升却有很大的帮助。

由此可见，为了让说话者更好地表达，为了使教学效果得到最大限度的提升，教师在选择教学媒体时，也要严格遵循简单经济的原则。与此同时，教师在选择模态时，为了进一步增强教学效果，也应多多考虑使用图片、贴画、彩卡等其他媒介方式。

四、英语多模态教学实践分析

（一）多模态听力教学实践

网络环境下多模态听力教学的构建，其中心内容主要包括听力教学中的四个环节的模态转换。

1. 准备环节

在介绍听力背景时，教师应多使用一些图片、影视作品以及制作有趣的PPT，从而可以最大限度地激发学生的学习兴趣。此外，还可以通过使用图片等相关方式来向学生介绍与听力材料有关的单词，让学生学会阅读图片和说单词，以达到通过多媒体实现学生与教师互动的目的。

2. 呈现环节

这一环节主要是为了获取信息和构建意义，该环节主要涉及模态之间的相互协作。首先，要说的就是视觉模态，也就是教师通过在颜色、亮度、不同的字体等方式，将一些与听力材料相关的图像当中的关键信息显示出来；其次，教师还可以利用文本来向学生展示一些具体信息，最大限度地减少图像当中一些具体信息的丢失；最后，就是听觉模态，主要是学生与学生之间完成信息传递的过程中，通过各自的音调、语速以及发生的时间来进行配合。

在以上这两种模态当中，主模态是听觉模态，而视觉模态则主要是起到了强化听觉模态的作用，也就是通过视觉模态，让听觉模态能够更加清晰和准确地表达出来。文本信息则主要是为了防止学习者出现听觉缺失或者没有完全接收信息的情况，起到了对听觉信息进行补充的作用。

3. 练习环节

在学习效果的外部行为表现阶段，学生可以将听说与听写、听力理解与听力练习相结合，对短期记忆信息进行重组和编码。通过多模态教学，将学生的各个感官充分调动起来。

4. 评估环节

该环节主要是通过记录和联系的方式，对学生理解信息的程度进行评估，我们都知道，依靠大脑的短时记忆能够帮助学习者去理解自己听到的内容，除此以外，另外一个帮助理解的方式还有笔记，它也能有效实现学习者对所听内容的再认知。学习者对所听内容的理解程度，决定着他所记笔记质量的高低，以及对大脑记忆信息与笔记内容合成后的意义建构。

（二）多模态口语教学实践

从某种程度上来看，受口语课中的口语交流过程的影响，在口语课堂上，本身就会出现听觉模态和视觉模态之间的相互转换。比如，从听觉模态的角度来看，师生双方都有发言权，而作为口语交际实践的主体，学生则比教师的发言机会要多一些；从视觉模态的角度来看，教师则可以借助黑板，或者制作一些具有吸引力的PPT，以及搜集一些相关影视作品等方式来对口语主题、文化背景和单词句型等进行展示。英语口语课堂是视觉模态和听觉模态之间的转换。因此，在多模态口语教学中，要注意加强模态之间的合作关系。

（三）多模态阅读教学实践

1. 多模态教学强调感官并用

在对学生进行阅读教学时，教师需要让学生了解相关文章的文化背景和重点单词，这时就可以通过制作PPT的方式来对相关内容进行展示，以便将学生的多种感官一起调动起来，从而使学生对相关背景知识的难点有一个更加深入的了解，有助于他们对单词的记忆，进而实现对所学内容的强化记忆。

2. 多模态教学提倡运用多种教学方法

常见的教学方法主要有交际法、互动听说法以及全身反应法等。教师在进行阅读教学时，如果遇到教学内容和教学目的发生改变的情况，那么就应该根据具体变化，随时更改教学方法。比如，教师想要培养学生通过语篇来理解句子意思的阅读能力时，就可以将学生分成若干小组，让他们以小组的方式来进行讨论，同时还可以让他们进行口译或者笔译的练习，而不是采用较为单一的由教师来分析语篇的教学模式，这对增强阅读课的兴趣性和操作性是非常有帮助的。

(四) 多模态写作教学实践

1. 开放性

所谓开放性，指的就是将学生视为写作课堂的主体。教师在对课堂活动进行设计时，要充分贴近学生的实际生活，这样有助于学生的实践操作，让他们真正地做到学以致用。比如，在写作课程开始之前，教师可以用课前热身的方式，将本节课的写作话题通过短片或者图片的形式展现给学生；再让学生针对这个话题进行讨论，讨论过后还应让学生将各自的观点罗列出来；观点列出之后，教师要引导学生去扩展自己的观点，为接下来的写作做准备；在学生完成写作之后，教师可以让学生互相交换自己的写作成果，并让他们修改其他学生文章中出现的一些标点、语法以及单词错误；全部修改完成后，教师可以选取几个修改之后作文中比较优秀的句子，并在黑板或者投影仪上进行展示和点评。

2. 灵活性

在课堂教学过程中，教师通过不同方式对不同的模态进行转变和互补，以求通过多元化的方式将信息传达给学生。比如，教师在教授学生有关段落写作结构的技巧时，可以使用各种关系图，来让学生更加直观地去理解空间顺序、时间顺序、因果顺序等文章组织方式，然后再添加一些周边新闻或学生熟悉的事物的语音、图片材料作为辅助信息，这对学生的写作内容也更具实用价值。

第八章 跨文化视角下大学生交际能力的培养

第一节 大学生跨文化交际能力培养的重要性

随着经济全球化趋势的不断增强,各国之间的联系越来越紧密,交流越来越频繁。若不能对其他国家的文化有深入的了解,很容易在交流的过程中产生矛盾,从而不利于世界和平的维护。文化是各国之间进行交流和合作的中间纽带,因此各国文化之间的渗透和融合是一种大趋势、新潮流。为顺应时代的发展,避免在交流过程中因为对彼此的文化不了解而产生严重的误解,适时地进行跨文化交际能力的培养具有重大意义,同时也是大学生寻求自身获得更好发展的必然需要。

跨文化交际能力的培养作为英语文学课程教学的主要目标之一,也是推动全球化进程所不可或缺的。美国文化人类学家爱德华·霍尔提出了"跨文化交际"这一概念,使之成为一个独立的研究学科。当来自一种文化背景的人传递出信息,并希望来自不同文化背景的人理解时,跨文化交际就产生了。人们在进行跨文化交际时会判断和评价彼此的行为,这种判断和评价往往会基于我们自身的文化认知,我们甚至意识不到这种文化认知对我们所做判断的影响。绝大多数人并不是有意孤立他人,或是对他人做出错误的评价,但这种无意识行为的影响却破坏性极强。

一、消除文化"失语症"和"自闭症"

跨文化交际能力的培养首先应当加强母语文化教育,培养文化平等意识,从而消除英语教学中的"中国文化失语症"。现实中,许多英文水平较高的青年学者无法用英语表达母语文化。究其原因有二:其一,因为受试者对中国文化知之甚少,很多学生用汉语都解释不清很多中国文化的概念;其二,受试者不知如何用英语去表达自己的文化。这种普遍存在的母语文化"失语症"暴露了我国大学英语教学的一大缺陷,即注重目的语文化的导入而忽视母语文化意识的培养,过分强调英美文化学习而忽视中国文化的输入。如果我们培养的学生"开口必罗马",只能用西方语言言说西方,成为西方文化的传声筒,或是针对西方人对中国文化的误解和误读缺乏适当得体的表达方式,这种教育带来的后果影响长远且不堪设想。

消除母语文化"失语症",首先应在高校英语教学中加强母语文化教育,不断渗透中国文化元素,培养学生强烈的民族自豪感和文化平等意识。中国文化元素介入英语专业文学课堂的可行性途径包括:一是增设中国文化类的英语辅助选修课程;二是在文学课程大纲中加入反映中国文化语境的优秀英语文学作品,如中国作家所著的英文名著、英语国家华裔作家作品,以及英美名家创作的反映中国社会的英语作品和对中国经典文学名著的翻译作品;三是在教学过程中注重实践培养,强化学习者目的语文化和母语文化的双向交流。例如,在英语戏剧的学习中,鼓励学生在中国语境中改编英语原剧,获得文化融合碰撞的真切体验。

在全球化的语境下,跨文化交际只有通过平等双向的交流,才能实现沟通的双赢和多赢。英语专业文学教学中阻碍跨文化意识建构的另一疾症为教学中普遍存在的"文化自闭症"。这种"自闭症"并非固守母语文化,排斥英语文化,而是指有意或无意地斩断英语文学与他国文学之间的交流与联系,人为地屏蔽异质文化的影响,强行将英语文学置于一个封闭的文化系统中进行单向度诠释。这种"自闭症"的存在在我国英美文学教师中较为普遍,在其内心深处潜藏着这样一种理论预设:英美文学与文化是一个自足与自为的存在,是一个独立的文化实体,与他类文化形态无关。因此,高校英语专业英美文学教学往往只涉及英美文学本体,而"他者"文学或文化被排斥在外。这里所指的"他者"文学或文化既包含被普遍忽视的英美以外的英语国家文学,同时也包括以中国文学为典型代表的非英语文学。这种"自闭"倾向很容易妨碍学习者建构关于英美文学与文化的全面、正确的认识谱系和图式,并使得英美文学教学与全球化语境中活跃的文化交流与对话的强劲潮流相背离,进而形成对异族文化的错觉与偏执。由于英美文学大量的阅读量无法得到落实,或是由于学生认为文学学习没有使用价值而缺乏学习热情,使得文学学习演化为文学文化现象的死记硬背,客观上导致了跨文化交际中目的语文化"自闭症"现象的产生。这种现象的解决需要教师从教材选用到教学实施过程,都应坚持"系统性"原则,结合授课时间选取适量文本,力求保留文学发展概貌的完整性,同时应留有学时适量加入文学文化比较研究的教学内容,使学生得以架起跨文化的桥梁。在多维度文化导入的教学过程中,应由浅入深,分层导入。在文本教学以外,教师应鼓励学生将本民族文化带进外国文学课堂,围绕真实问题进行讨论,让学生在多维互动的教学模式中完成文化知识的建构,培养跨文化交际能力中最为核心的"文化移情"能力。

同时,消除文化"自闭症"还应着力培养学生接受文化差异的跨文化伦理思辨。黄万华教授在研究海外华人文学中提出了跨文化意识中的"异视野"和"异形态"的概念，对人们理解英语专业文学教学中对目的语文化所应持有的文化态度有很大启发。海外华人作家具有较为自觉的跨文化意识，这使得他们能从自身的文化视角理解自己的文化，然后较自觉地把这种认知作为理解其他文化的基础，从而在跨文化互动中能有效地揭示他人的行为，接纳他人的情感，理解差异中的互补性，甚至相通性。对他族文化的"异感受"可能会是消极的。例如，恐惧、迷醉或是鄙夷。只有在感知西方文化的"异"中避免将他族"异类化"，同时认同自我，维系自身的主体性，才能建构真正的文化平等意识，达到一种文化融合的境界。在英语文学教学中，通过指导学生阅读优秀海外华人文学，对培养"祛迷"的跨文化意识不失为一种有效途径。海外华人文学既要表达维系自己文化民族之根的焦虑（其中也会包含对于被同化的警觉和抵制），又要传达出与"异民族"真正沟通的愿望，这要求作家在处理异族题材上要比在处理其他文化差别的课题上，有更敏锐的洞察力和更开放的胸襟，从而由自己民族的文化传统出发，去接纳具有世界性的普遍性价值，这种进程正是多元化和跨文化协调的进程。

二、达到《普通高等学校本科专业类教学质量国家标准》的要求

近年，教育部发布了《普通高等学校本科专业类教学质量国家标准》（以下简称《国标》），其中明确将跨文化交际能力作为外语类专业学生应具备的能力要求之一，专业核心课程应包括文化类课程，这充分说明了在高校英语教学中引入跨文化交际能力培养的重要性。《国标》中对于外语类专业人才给出了具体的培养方向。

（一）培养目标

外语类专业旨在培养具有良好的综合素质、扎实的外语基本功和专业知识与能力，掌握相关专业知识，适应我国对外交流、国家与地方经济社会发展、各类涉外行业、外语教育与学术研究需要的各外语语种专业人才和复合型外语人才。

各高校应根据自身办学实际和人才培养定位，参照上述要求，制定合理的培养目标。培养目标应保持相对稳定，但同时应根据社会、经济和文化的发展需要，适时进行调整和完善。

（二）培养要求

1. 素质要求

外语类专业学生应具有正确的世界观、人生观和价值观，良好的道德品质，中国情怀和国际视野，社会责任感，人文与科学素养，合作精神、创新精神以及学科基本素养。

2. 知识要求

外语类专业学生应掌握外国语言知识、外国文学知识、区域与国别知识，熟悉中国语言文化知识，了解相关专业知识以及人文社会科学与自然科学的基础知识，形成跨学科知识结构，体现专业特色。

3. 能力要求

外语类专业学生应具备外语运用能力、文学赏析能力、跨文化交际能力、思辨能力，以及一定的研究能力、创新能力、信息技术应用能力、自主学习能力和实践能力。

其中，跨文化能力是指，尊重世界文化多样性，具有跨文化同理心和批判性文化意识；掌握基本的跨文化研究理论知识和分析方法，理解中外文化的基本特点和异同；能对不同文化现象、文本和制品进行阐释和评价；能有效和恰当地进行跨文化沟通；能帮助不同文化背景的人士进行有效的跨文化沟通。

所以，按照《国标》的要求，在高校英语教学的过程中，培养学生的跨文化交际能力可以满足时代的发展要求，迎合社会的发展需求，而且能够在一定程度上提高高校英语的教学质量。目前在高校英语教学中，教师往往强调学生语法结构、词汇、词组的学习，英语听力的练习以及口语能力的提高，而错误地认为，跨文化交际能力的培养不仅对学生学习成绩的提高没有实质性作用，而且对于学生英语应用能力的提高也毫无帮助。实际上，跨文化交际能力的培养不仅有利于学生对英语词汇或者语法的理解和掌握，而且有助于学生对阅读理解题中文章的理解，从而提高成绩。另外，通过提高学生的跨文化交际能力，还有利于学生化解由于缺乏英语文化知识而造成的跨文化交流障碍或者误解。由此看来，跨文化交际能力的提高有利于学生英语应用能力的提高。

此外，经国家语委语言文字规范标准审定委员会审定通过，《中国英语能力等级量表》由教育部、国家语言文字工作委员会正式发布，将作为国家语委语言文字规范正式实施。《中国英语能力等级量表》以语言运用为导向，将学习者的英语能力从低到高划分为"基础、提高和熟练"三个阶段，共设九个等级，对各等级的能力特征进行了全面、清晰、翔实的描述。能力总表包括语言能力总表以及听力理解能力、阅读理解能力、口头表达能力、书面表达能力、组构能力、语用能力、口译能力和笔译能力等各项能力总表。其中，语用能力量表将引导我国英语教学和测试，加强对学生语言运用能力、文化意识和跨文化交际能力的培养。

可见，跨文化交际能力的培养是新时代大学生必备的素质，也是英语专业学生不可或缺的必修课。

第二节 英语文化学习的重要性

由于文学本身的特殊性，文学学习在新的挑战面前凸显出联结文化知识的输入和文化理解的优势。文学能够模拟全部人类经验——语言的与非语言的经验，通过阅读分析文学作品，学习者可以获得各种文化知识。同时，文学作为民族文化的载体，涉及文化的各个层面，包括大众文化习俗、价值观、时空概念等；文学作品中的文化具体而生动，都以个体出现，文化现象和语言紧密结合。

一、英语文化学习与跨文化意识培养

英国文学源远流长，经历了长期、复杂的发展演变过程。在这个过程中，文学本体以外的各种现实的、历史的、政治的、文化的力量对文学产生了深刻的影响，文学内部遵循自身规律，历经文艺复兴、新古典主义、浪漫主义、现实主义、现代主义等不同历史阶段。文学是对人生体验的文化表征。文学作品隐含着对生活的思考、价值取向等。阅读英美文学作品，是了解西方文化的一条重要途径，可以接触到支撑表层文化的深层文化，即西方文化中带根本性的思想观点、价值评判、西方人经常使用的视角以及对这些视角的批评。英美文学是对时代生活的审美表现，是英国人民和美国人民创造性使用英语语言的产物。英语表意功能强，文体风格变化多，或高雅，或通俗，或含蓄，或明快，或婉约，或粗犷，其丰富的表现力和独特的魅力在英美作家的作品里得到了淋漓尽致的发挥。阅读优秀的英美文学作品，读者可以感受到英语音乐性的语调和五光十色的语汇，回味其"弦外之音"。

文学和文化密不可分，这一点无论在理论还是在实践中都早已得到国内外学者的认同。文化通常被分为广义和狭义两种：广义的文化是指人类在社会历史实践过程中所创造的物质财富和精神财富的总和；狭义的文化就是在历史上一定的物质资料生产方式基础上发生和发展的社会精神文化形式的总和。文化可以分为物态文化层、制度文化层、行为文化层和心态文化层四个层次，文学就属于心态文化层，是文化的核心精华部分。早在19世纪，英国著名的约翰·亨利·纽曼大主教就指出，文学能够提高学生的文化素养，应该得到足够的重视。许多现代语言学家也意识到文学对于文化知识传播的重要性。文学对于文化习得的作用：一是，文学是一个民族文化的缩影，它表现了民族文化的各个方面，具体而多角度地反映一个国家的传统习俗、风土人情、社会制度和哲学思想等，通过阅读优

秀的文学作品，学生将有机会获取丰富的文化背景知识；二是，文学作品能唤起读者的情感反映，使其对作品的伦理和道德主题做出感性和理性的回应，从而影响学生的道德发展。我国的语言教育专家学者也认同文学和文化的密切关系。文学作品往往能够提供最生动、具体、深入、全面的材料，使读者从中得到对西方文化的有血有肉的了解。

在英语课堂教学中，英美文学和文化也是共浮沉，两者在英语教学中的作用都经历了历史的变迁。文学曾经是外语院校英语专业学生的主修课，占用了大量的课时和师资。英语学习教材也选取了许多文学性很强的课文。在社会批评理论的指导下，文学作品的分析很重视社会、文化背景。随着时代的变迁，语言本身得到了空前的高度重视，教学目的偏向于对英语的功能性掌握，划定固定的词汇语言结构和功能，要求学生熟练掌握，以满足其特殊工作或研究需要，但割裂了文化背景的语言必然单调而空洞，学生无法用它确切而得体地表达意思。如何在语言教学中教授文化知识是一个很大的难题。随着中国经济的发展和世界经济的全球化，人们除了需要扎实的语言功底、过硬的交际能力外，还应有较高的文化素养。因此，在讲授外国文化知识时，不能仅停留在介绍肤浅的文化背景知识或外国文化概况的层面上，也不能仅将文学作品作为一种阅读材料、提供一定文化背景知识的工具，而是要做到英美文学与文化教学的有机结合。具体介绍如下。

（一）跨文化意识培养是英语文化学习的重要组成部分

文学承载着一个国家的文化，寄托着一个民族的精神和灵魂，反映着一个国家的文化传承、风俗习惯、精神风貌等。同样，英语文学中承载着以英语为母语的一些国家的风俗文化和风土人情。通过学习英语文学，就能对这些国家的政治、经济、社会、思想有所了解，即在进行英语文学阅读和鉴赏的过程中，潜移默化地培养了学生的跨文化意识。

（二）跨文化意识能够提高英语文化的学习效果

跨文化意识不仅要求学习者能够对外国文化进行主动、有意识的了解，而且要求学习者具有通过将国外文化与本土文化进行对比，发现两者异同，进而提高自身文化敏感度的意识。一旦跨文化意识得到提高，在进行英语文学鉴赏和学习的过程中，学生就能主动地在英语文学中发现以英语为母语的一些国家的风土人情、风俗习惯、民族精神等。除此之外，跨文化意识较强的学生还能够结合本国文化，找出这些国家的文化与我国文化的异同，并能够有选择性地汲取外国文化中的精华，而剔除外国文化中的糟粕。通过学生自主学习和对比学习，必然会加深对英语文学的理解，从而提高英语文学教学的质量，增强英语文学教学的效果。

（三）英语文化是培养跨文化意识的有效途径

文化在文学中得到体现，而文学的一个重要价值就在于文学中蕴含了文化。例如，一部以人物为主体的文学作品，在讲述主人公成长和发展历程的过程中，必然会交代人物成长的背景，而人物成长的背景也就反映了在某个时期、某个国家的一些政治风貌、风土人情、思想习惯等。而文学中人物的精神和性格特点也就反映了某个时代的某一群社会人物的特点，而这些人物的特点又从侧面反映出当时这个国家的经济发展状况以及整个社会的发展状况，而人物精神也是社会精神在某种层次上的第一个反映。

从文学内容这个层面上来说，英语文学有利于在潜移默化中培养学生的跨文化意识。另外，学生在进行英语文学阅读的过程中，对于不能理解的词汇或者段落，可以通过查阅不同的翻译版本来帮助自己理解。在对不同版本的翻译进行阅读和理解的过程中，学生会自然而然通过对比来找出最佳的翻译版本。而在对比的过程中，学生也就学会了处理两种文化在交融过程中出现的一些冲突和矛盾，使得两种文化很好地融合，这也就将跨文化交际意识提升到了另一个层次。

二、英语文化学习的必要性

语言教学是一门综合的学科，它不单指对英语词汇、语法的记忆、掌握和运用，还需要对文化背景知识的了解和掌握。如同一个人拥有骨骼肌肉的同时，还必须有血脉联络整体，文化就像血脉激活了生命。文化的内涵高深广博，无所不包。精通掌握语言的人，必定是一位充分了解东西方文化历史背景、社会风俗习惯和人文礼仪的人。谈到语言的学习，就必须有文化作为肥沃的土壤，为语言这棵苗木提供营养。英语教学的最终目的是运用语言达到交际的目的，而学习语外知识、掌握英语技能、提高应用英语的能力与熟悉英语国家的文化密不可分。

英语教学不仅要求学生具有"语言能力"，而且还要具备"交际能力"。英语不仅要作为知识来掌握，更要作为一种语言、一种交流工具来使用，这就要求学生在学习运用英语时，不仅要"合乎语法"，而且要恰当、得体，可以为人接受，同时也要求教师除了传授正确的语音、语调、语法知识，也不可忽视语言背景、文化的渗透。因为语言是文化的载体，是文化的主要表现形式。语言是随着民族的发展而发展的，语言是社会民族文化的一个组成部分。不同民族有着不同的文化、历史、风俗习惯和风土人情等，各民族的文化和社会风俗又都在该民族的语言中表现出来。语言离不开文化，文化依靠语言。英语教学是语言教学，但离不开文化教育。我们要培养具有跨文化交际能力的英语人才，就需要在英语教学中融入文化知识教学和文化理解教学。《国家英语课程标准》强调：英语教学应该是对人的品格、思维、语言能力、健全人格、文化知识和意识等的全面素质教育，了解文化差异、增强跨文化交际能力、增强全球意识是其中的重要组成部分。这和过去教学大纲的不同点之一就是第一次把文化意识列入了国家级的教学文件里，这充分说明文化意识教学在英语教学中的重要性。英语教师在平时的教学中，除了教授语言外，还应导入相关的目的语文化背景知识，培养学生的跨文化意识，这符合二期课改的英语教学理念。

三、英语文化学习的意义

（一）有助于提高学习兴趣，调动学生的学习积极性

将文化教学贯穿于英语教学当中，便能使整个教学过程变得丰富多彩，有助于激发学生学习英语的兴趣，进一步增强英语语言感受能力。英语教学往往把一篇课文分成几个部分，概括大意，分段讲授单词、词组、句型结构以及相关语法等，让学生记笔记，背笔记，课堂内容枯燥，学生学到的只是机械化的、公式化的语言。学生的书面作文常常是语句生硬、别扭，前后不连贯，语意不清晰。一个典型的问题：用汉语的句式套装英语的词汇，写得不伦不类的"中国式英语"。因此，高校英语教师应当把文化教学列入教学范畴，培养学生的英语思维能力。英语课内容选材丰富，内容涉及历史、地理、社会、人文和价值观、社会观念等。在讲解课文的时候介绍相关背景知识，可以帮助学生更好地理解课文，加深印象。例如，在英语教学中，结合与颜色、动物等相关的事物、典故等，可以让学生更好地理解课文，加深印象。还可以调动起学生的兴趣和积极性，从而活跃课堂气氛，使英语教学变成学生愿意接受并乐于接受的过程。众所周知，学习兴趣是学生非智力因素中最可利用的有效因素，在英语教学中加入文化教学正是很好地利用了这一有效因素为教学服务。

（二）有利于培养学生的交际能力

语言的基本功能是交际。一个成功的英语教学过程是要帮助学习者培养良好的交际能力。在英语教学中加入对文化的导入，能够培养学生对西方文化差异的敏感性，提高语言能力和交际能力，避免中国式英语在对外交流中产生误会，甚至冲突。因为语言错误至多是语不达意，无法将心里要说的清楚地表达出来，而文化错误往往是本族人与异族人之间产生严重误会，甚至敌意。这常是由于中国人的思维加上英语的表达方式影响了交际，无法实现知识能力与语言能力的平行发展。因此，教师应加强文化意识，同时注重对学生文

化知识的传授,在英语教学过程中,一定要注重语言和文化的关系。要注意英汉两种语言及文化的对比,要注意挖掘课本中的文化因素,提高学生的跨文化意识,不断提高学生对中西文化差异的适应性和认同感,消除文化差异带来的文化交际障碍。同时,教师也要不断补充新知识,注重对文化背景知识的了解和学习,注重自身英语文化的提高,从而可以不失时机地向学生灌输相关的背景文化知识,使学生在实际交流中具备多元化的包容性,更好地掌握和运用所学知识交流和沟通,使学生真正掌握英语,不断提高他们的跨文化交际能力。

(三) 有利于促进学生的自身发展

在英语教学中融合文化教学,有利于学生打开眼界、开阔思路,借鉴西方优秀行为习惯,提高学生自身素质和修养,使其得到一定的艺术修养和中外文化精髓的熏陶。例如,介绍西方人守时的习惯,有利于培养学生珍惜时间的好习惯;介绍西方青少年的独立意识,有利于培养学生的胆识、勇气,增强他们的独立意识。这些都是我们可以通过文化教学进行提高和改善的。同时,文化教学还可以满足学习者调整自身知识结构的要求,为今后进一步的文化学习和研究打下基础。帮助学习者适应学业结束后职业岗位的要求,如翻译、旅游接待、宾馆服务等都需要掌握外族文化。英语学习不仅只是单一学科知识,它涉及方方面面,因此注重跨文化意识的培养,适应文化融合的需要,可以促进学习者的全面发展。

第三节 大学生跨文化能力培养策略

一、促进学生文化多元主义思想的发展

(一) 培养学生积极看待异文化并促进其对自我价值的认识

对于英语专业学生来说,他们大多对英语文化只有粗浅的了解,也少有与来自英语国家文化中的成员的交往。因此,应当引导学生在跨文化交际发生之前和进行当中,先假设来自异文化的对方是善意的,是寻求与自己理解和交流的,假设异文化和中国文化在深层次上有很多共同点。这样积极地看待异文化及其成员的态度,也会辐射到跨文化交际的对方,促进双方的好感与信任感的建立,形成一种有益的跨文化交际场景,促进跨文化交际

的良性循环。这样，在这个过程中，即使出现文化差异或令人困惑的情况，双方也能遵从与人为善的原则共同找到解决办法。

要培养英语专业学生对英语文化的积极态度，使他们对自己尚不了解的陌生的人和事物。首先假设其为"善"的和"好"的，这种思想符合对中国文化产生重要影响思想的"性本善"说，如《三字经》就开宗明义地强调："人之初，性本善；性相近，习相远"。引申到跨文化交际中，我们可以理解为，不同文化中的成员其本性首先是善的，虽然各文化的习俗、文化的表象相互差异，但是人们的本性相通相融。有了这样积极的假设，即使在跨文化交际中遇到困惑、矛盾甚至冲突，也会让人有信心去面对、去解决。相反，如果在跨文化交际尚未进行之前，就假设来自异文化的他者是"性本恶"，处处疑心、设防、过分敏感、封闭自己甚至主动攻击对方，这样就会对自己的跨文化行为产生极其负面的影响，很容易形成"自我实现的预言"。

如果一个人对自身价值认识不足，甚至对自己感到自卑，那么他也很难积极地看待异文化。因为，如果一个人连对自己都认识不足，便不能理解与自己存在差异的他人，不能主动地、自如地去了解他人的思维方式和规范。

民族中心主义思想的另一个极端是文化自卑感，而这种自卑感也不利于文化多元主义思想形成。一些专家指出，如果一个人对自身价值认识不足，那么他也很难积极地看待异文化。例如，在不少外语专业（尤其是英语和欧洲语言专业）学生中存在着这样的现象，即他们对美国、英国和其他欧洲国家极端崇拜，对中国文化妄自菲薄，这种现象被称为逆向民族中心主义思想，这种思想严重妨碍学生的跨文化能力发展。只有在学生充分认识到自我的价值，才更容易向来自异文化的人开放自己。相反，如果过于自卑，则会在跨文化交际中态度被动或反应过度敏感。

跨文化能力不是独立于人们个性之外的一种附加能力，而是个性的有机组成部分。所以，要培养英语专业学生的跨文化能力，就应当促进学生个性的发展，引导他们积极看待自我，并帮助他们实现自我价值。只有在学生充分认识并能不断实现自我价值的基础上，才更容易向来自异文化的人开放自己。因此，在英语教学中，教师应当充分尊重学生，尊重他们彼此的个性，应当给学生留有发展和展示其个性的空间，鼓励学生提出独立的见解，帮助学生充分发挥各自的优势，培养他们的独立人格，培养其不断发展和实现自我价值。

高校教育应注重人文性和教育性，应将人才培养置于"素质教育"框架之中，使大学生作为一个人的整体素质和个性发展方面得到最大限度的提高。

（二）鼓励学生勇于探索母文化与目的语文化

很多专家指出，如果对异文化怀有浓厚的兴趣，更有助于人们设身处地地去理解异文化的成员，有助于培养跨文化移情能力。因此，要培养和促进英语专业学生的跨文化能力，应当培养他们对于新事物的好奇心和勇于探索的精神。应当让学生领悟到，学习就是对安全感的放弃，不能将新事物和陌生的环境看作是危险和威胁，而要看作拓宽眼界、发展个性的机会。

探新求异在我们中国的教育过程中一直受到忽视，很多大学生可能是考试高手，但大多怯于探索新事物。要培养英语专业学生的跨文化能力，很重要的就是要培养学生对母文化和异文化的兴趣，如孔子在《论语》中言："知之者不如好之者，好之者不如乐之者"。所以，应当鼓励学生始终保持对异文化的好奇心和了解文化之间相同处与差异性的广泛兴趣，促使他们愿意与异文化成员交往，并共享知识与信息。

在教学过程中，教师应当帮助学生了解一些英语国家文化与中国文化的主要差异，以使他们对于跨文化交际有足够的心理准备。但同时应当向学生指出，英语国家文化中也有与中国文化相同或相似的地方，如很多价值观是很多文化共有的，只不过这些价值观的重要程度在各个文化中不尽相同，并且这些价值观通过不同的形式表现出来。

在高校英语专业教学过程中，为了提高学生对英语文化的兴趣，应当注重利用各种媒体将英语文化以丰富多彩的形式展示出来，增强学生对英语文化积极全面的感性认识，增强其探索文化的兴趣，以便促进学生在不断的探索过程中，培养其跨文化宽容度和移情能力，同时培养他们对英语文化的尊重和跨文化敏感性。

（三）培养学生多视角看待问题的能力

很多研究表明，产生文化之间的误解和冲突的重要原因在于，人们大多会戴着母文化的眼镜看世界，将母文化的思维方式、行为方式、价值观等看作放之四海而皆准。因此，在培养英语专业学生跨文化交际能力的过程中，应当帮助他们意识到自己身上所存在的民族中心主义思想，并通过教学和实践逐步加以克服。

理解他人基于自我理解，首先可以帮助学生批判性地审视自己惯常的思维方式、行为方式和价值观。使学生认识到每一个人都是受到生活其间的文化的影响的，学习者对潜移默化形成的价值观和参考框架进行反思和质疑，这种自我反思能减少或消除民族中心主义思想。因此，有必要首先引导学生分析文化对自我的影响，培养文化省思能力，如分析自己在何种程度上受家庭、所属集体、教育、社会、价值观、传统等的影响。通过自我分析，可以帮助学生认识到民族中心主义思想的存在，并在一定程度上加以克服，从而不以母文化的"有色眼镜"看待另一种文化。

此外，可以帮助学生批判性地审视自己惯常的思维方式、行为方式和价值观。这种审视最好在有参照的情况下进行，因此可以帮助学生首先比较来自不同地域的学生的不同的文化烙印。通过与其他同学的交流，增强学生的移情能力和多视角看待问题的能力，培养学生在与他人交际中的敏察力以及宽容待人的态度，克服自我中心主义观念，进而克服民族中心主义思想。

一般只要没有离开自己熟知的文化环境，人们很难意识到自己身上民族中心主义思想的存在，因此应当鼓励学生到新的、陌生的文化环境中去，鼓励他们去接触和认识不同的文化世界。中国是一个多民族、多亚文化的国家，可以首先鼓励学生利用假期到少数民族地区，了解当地的文化，也可以建议学生到与自己熟悉的生活环境完全不同的地方，去考察和体会不同的生活，如来自城市的学生与来自农村的同学各自到对方的家庭生活一段时间。学生可以将他们的体验记录下来，还可以通过电子杂志，把这些体验用生动的形式记录下来，互相分享。

当然，与来自英语国家的人进行真正意义上的跨文化交际实践，更能帮助英语专业学生克服民族中心主义思想，培养学生多角度看问题的能力。通过这样的体验和交流，可以帮助学生看到不同的生活方式有其各自合理的背景，帮助他们对自己司空见惯的"标准"进行反思，使他们看到自己的生活方式和价值观不是唯一正确的，同时也培养他们的宽容度和多视角看待问题的能力。

此外，尽量了解不同国家的成员对中国文化的看法，也有利于克服民族中心主义思想。我国少部分高校外语专业所开设的"外国人看中国文化"等课程就有助于启发学生多视角批判性地看待自己的母文化，从而促进其文化多元主义思想的形成和发展。

在对目的语文化特别是该文化中所使用的言语表达的理解方面，应当培养学生不以"中国人之心度外国人之语言表达"，不用中国文化的"有色眼镜"看目的语文化成员的交际方式。应使学生学会在跨文化交际的同时，跨出母文化的思维定式，从更新、更高的角度甚至多维度来理解异文化的人和他们的言语表达。这种方式，不会使人丧失对母文化的认同感，而是会加深和改善对母文化、对他人、对外界的认识。

英语专业学生以英语为主要学习对象，教师应当引导学生扩大跨文化视野，从了解和理解中国文化、英语文化，到对更多的文化有所了解和研究，以形成国际化的视野，具备对多元文化的敏感性，提高跨文化实践能力。

以上建议可以为培养学生的文化多元主义思想打下很好的基础。这样，随着英语学习的不断进步、对英语文化更多更深入的了解，随着越来越多的跨文化经验的积累，学生们就会更加尊重异文化，更加理解相应的英语文化成员的价值观思维和行为方式，从而不断提高自己的跨文化能力。

（四）培养学生的文化敏察力和跨文化移情能力

一个具有较强文化敏察力（又称文化敏感性）的人，对跨文化交际过程中的文化异同、轻重缓急、敏感地带等十分敏感，跨文化能力培养的一个重要方面就是培养学生的跨文化敏察力，使其了解并掌握异文化的主要价值观、思维方式和行为方式，具有对异文化基本特征的感性和理性分析能力。培养学生的文化敏察力，就是培养他们对文化表层的现象有敏锐的感知和觉察，同时培养他们探究和分析文化表层现象背后的文化深层原因和本质的能力。

文化敏察力不是与生俱来，而需要通过学习形成。文化敏察力的培养需要由表及里、由浅入深、循序渐进地发展。在英语专业学生跨文化能力发展的初期，可以训练他们对处于文化表层的母文化和异文化基本特征进行观察与描述，训练他们发现常人不易发现的事物与现象。在此基础上，引导他们对所感知到的事物与现象进行文化比较和文化深层次原因分析，同时学习多视角看待和分析问题，尤其学习从异文化成员的视角来感知、判断和分析事物和问题，提高跨文化移情能力。

跨文化移情能力是指尽量站在来自另一文化的他者的立场去思考、去体验、去进行跨文化交际，就是"己所不欲，勿施于人"，是"己欲立而立人，己欲达而达人"。培养跨文化移情能力，就是要跨越和超越母文化的局限，使自己处于异文化成员的位置和思维方式，设身处地地感悟对方的境遇，理解对方的思维和感情，从而达到移情或同感的境界。

跨文化移情能力也包括站在对方的角度来理解其交际的意图。这种移情能力建立在对交际伙伴的文化有深入和多方面了解和理解的基础之上。因此，要培养跨文化移情能力，必须加强对异文化的学习。

培养英语专业学生的跨文化移情能力，还包括帮助他们认识到来自英语文化的成员可能感知到自己不曾感知到的东西，看到他们对所感知到的东西可能有与自己不同的诠释。

二、促进学生对母文化和目的语文化全面深入的认知和理解

（一）拓宽和加深英语专业学生对中国文化的认知和理解

对母文化的全面和深刻的认识是了解异文化的重要前提。英语专业学生对中国文化的

了解，将是他们在跨文化合作实践中极大的优势，因为很多在华的国际企业正是希望利用中国员工对中国文化的了解，来寻求符合中国国情的解决方案，期望他们在中外跨文化交际中具有桥梁的作用，从而实现这些企业的在华投资的目标。因此，促进中国英语专业学生对母文化全面深入的认知和理解、培养他们向异文化的成员传播中国文化的能力至关重要。只有在了解了中国文化的基础上，才能客观地看待中国文化，认识到中国文化中的认知、思维和行为方式不是放之四海而皆准，从而提高对异文化的敏察力和宽容度，提高跨文化能力。

培养英语专业学生的跨文化能力不仅在于提高他们的英语语言交际能力，同时需要他们了解英语国家的文化，但这绝不意味着要他们把中国文化的根拔出来，离开母文化的土壤，完全"跨"上目的语国家的文化土壤上重新生长，而是要在两种文化之间架起桥梁。正如民族中心主义有碍于跨文化能力的培养一样，对母文化的无知，甚至对自己文化认同感的放弃同样会妨碍跨文化交际的进行。如雷买利所指出的那样："缺失了母文化，跨文化将无从谈起。只有对母文化充满自豪和自信，才有可能在跨文化交际中处于平等地位。否则，只能沦为异文化的附庸和奴仆。"

老子在《道德经》中有言："知人者智，自知者明"，对母文化的历史渊源、本民族典型的价值观、思维观、行为方式等有深刻的认识和反思，有助于我们了解自己的文化烙印，增强人们的跨文化敏察力，提高人们在中外文化之间进行跨文化沟通的能力。德国跨文化交际研究学者托马斯转借孙子"知己知彼，百战不殆"的思想，说明了解自己的文化是培养跨文化能力的第一步。孟凡臣指出，通过激励大学生对母文化进行反思，去认识那些影响自身价值观的社会条件。只有意识到个人固有的价值标准是由自身历史经验形成的结果，个体才更容易认识到自我认同中所形成的自认为理所当然的文化价值观，并通过对母文化和异文化价值标准的比较，认识到自身文化标准的文化中心主义特征，从而能移情于异文化的价值标准。要了解中国文化，必须了解中国的文化传统、价值体系、影响中国文化的因素等。同时，在跨文化交际中，中国文化所遵循的一些价值观和处世方式可以为跨文化交际提供许多积极的参考，从而为跨文化交际研究提供新的视角。

如前所述，应当加强英语专业学生对中国历史文化的了解和研究，开设一些中国国学的选修课，通过对中国文化的学习，尤其是通过对中国文化中积极的核心价值观内容的学习，增强学生的母文化价值感和民族自尊心，提高学生的文化素质和学养，增强他们弘扬中国传统文化的意识和主动性。理解和认同母文化，可以帮助学生理解和尊重其他的文化，进一步拓展自己的跨文化心理空间，对文化的多元性展现出一种大度，形成兼容并蓄的跨文化人格。同时，使学生在跨文化交际中成为有价值的、受欢迎的交际伙伴，因为异文化成员在与中国学生交流过程中，大多是希望对中国文化有更广泛和深入的了解。

需要指出的是，了解中国文化不仅包括了解中国传统文化的精髓、了解中国的主流文化，同时也包括了解中国丰富多彩的亚文化。很多在国际企业工作的中国员工，他们所面对的服务对象大多是中国人，而他们因其所属不同的亚文化而不同。了解中国文化的多层次性可以帮助人们成功地进行跨文化交际，做好中国文化和异文化沟通的桥梁。

大学生应了解中国文化，将中国文化的精髓贯穿到跨文化交际中，强化学生的人文精神、价值观，提高他们的人文素质，培养他们在中外文化之间的沟通能力，可以极大促进他们跨文化能力的提高，同时也为促进真正意义上的跨文化对话做出贡献。在英语教学中，应当训练学生描述、分析和传播中国文化的发展历史、核心价值观、思维方式和行为方式的英语表达能力，培养他们对中国文化与目的语国家文化各方面进行比较的能力，同时也帮助他们学习用异文化成员的眼光来审视中国文化，从而使他们能从不同角度认知和理解中国文化。

（二）学习目的语文化

语言本身就是文化的一部分，但仅具有英语能力并不意味着具有跨文化交际能力。对目的语文化背景的了解可以促进对目的语的理解。在英语教学中，要使得学生尽量真实切近和全面地感知到目的语文化，将涉及这一文化的历史、社会、经济、政治、生活方式等方面的内容融合到英语教学之中。在这一过程中，应当注意到，文化是不断发展变化的。同时，同一时代的文化也有不同层次、多个方面，应当培养学生以发展的眼光多视角地认知和分析目的语文化，帮助他们克服偏见，并避免他们对异文化产生刻板印象。因此，应当从历时性和共时性两个方面同时将目的语国家文化融入英语教学中。

在此基础上，还要培养学生具备掌握目的语国家文化的能力，即先宏观地了解目的语文化，再从中观（如地域文化、某一领域的特征、各时代人的不同特征）和微观（如异文化成员的个性特征）的层面观察、分析和理解它，最后达到宏观、中观和微观的整体了解和理解。

当然，以上所描述的全面了解和理解某一异文化是一个循序渐进的过程，对于跨文化经验尚不丰富的大学生来说，对某一国家的文化了解比较肤浅笼统，或是对这些了解充满矛盾和困惑，这些现象都是跨文化学习过程中出现的正常现象，作为教师应当帮助和引导学生来处理这些问题。了解某一异文化的过程就是首先培养对这一文化的兴趣和好奇心，通过不断的学习、观察和思考，增强观察力判断力，尤其是增强多视角、多层次认知异文化的能力，以不断趋近全方位了解和理解异文化的能力。

使英语专业学生明白英语文化与中国文化存在差异这一点自然是重要的，但同时，高校英语教师还要引导学生找到两种文化在深层次上的共同点，在了解"习相远"的同时，也要把握那些"性相近"的文化共同价值。如前文所述，在"求同"的基础上，"存异"对于培养跨文化能力至关重要。

要深入了解英语文化，除了从中国人及英语文化成员的角度分析英语文化之外，还可以通过阅读和讨论的方式，了解其他文化成员对英语文化的看法和评价，从而使学生更加全面深入地理解英语文化。此外，我们应当看到，文化知识浩如烟海，绝不可能将英语国家的文化知识完全传授给学生，而且也没有必要，重要的是讲授态度、观念、策略和方法。

（三）跨文化交际理论的学习与文化比较

要培养英语专业学生的跨文化能力，在帮助他们深入全面地认识和理解中国文化和英语文化的同时，还应当向他们传授有关文化学和跨文化交际学的理论知识、研究方法和重要研究成果，包括文化的特征、文化的发展规律、跨文化交际的特点和规律，描写和分析文化的方法、工具、模型等。应当了解和批判性地分析目前比较有代表性的文化和跨文化交际理论和模式，如霍尔的跨文化分析模式、霍夫斯泰德的文化维度理论、琼潘纳斯和特纳的文化维度理论等。事实上，越来越多的大学都开设了"跨文化交际"课程，这里需要强调的是，不要仅照搬西方的理论，而应当在吸纳这些理论的同时，构建中国自己的跨文化交际理论体系。

在跨文化交际理论的指导下，可以引导学生利用所学的文化分析方法，对英语国家文化与中国文化进行比较。这种比较应包括国民性格、价值观、思维方式、行为方式、习俗规范、时间观、空间观、非言语交际方式等方面。尝试让学生挑选不同的主题，对中国和英语国家文化的某一方面进行比较和分析，找出异同，引导学生收集显示文化异同的数据和案例（在收集过程中学生也能锻炼其文化敏察力和批判性思维），并尝试去探究导致差异的深层次文化原因（可指导学生提出假设，再在理论研究的指导下，通过科学的方法做出结论。在这一过程中，培养学生的分析和解决问题的能力），之后建议以研讨会的形式将结果进行演示和报告。

以上所描述的文化比较应当看成是学生跨文化学习过程的一个重要环节，在文化比较的某个专题研究结束后，要帮助学生对其跨文化学习进行总结（包括理论和方法总结），可建议学生专门准备一个关于文化比较的文件夹，以影响跨文化交际的不同基本因素为主题，不断丰富相关的资料。这种文化比较一般是指主流文化的比较，因为把握了一个民族总的思维方式和价值取向，便容易理解和解释许多其他层次的文化现象。

也可开设比较中外文化课程，将中华民族文化与世界上影响较大的主流文化，如欧洲文化、美国文化等进行对比研究，促进学生跨文化能力的提高。但是，需要提醒学生注意的是，这样两种文化的比较只起一种参考作用，在进行跨文化交际的时候，还要对具体的参与跨文化交际的人和跨文化语境进行具体的分析，这里可以鼓励学生将跨文化交际理论知识应用于实践。例如，可以引导学生对跨文化交际的某些实例进行分析，从中外两种文化的角度来阐释有关的交际情境，分析交际参与者的思维和行为方式，做出交际预测，就各个交际层面以及影响交际的因素进行分析和讨论。

在不同文化的比较中，人们往往会强调文化的差异。这里需要特别注意的是，如前文曾经指出的，应当引导学生发现异文化与中国文化深层次上的"共同点"。从学习心理学的角度，找到这些共同点也很有意义，因为很多大学生缺乏跨文化交际经历，而受中国教育体制的影响，青年人往往缺乏探索新生事物的勇气，如果过于强调异文化与中国文化的差异，大学生们就会在与异文化成员进行交际之前有畏惧感；相反，如果找到了文化之间的共同点，会使跨文化交际活动更容易开展起来。

当然，这种对比不可能包罗万象，重要的是对学生在学习方法方面的培养，启发学生通过对一些文化主题的探讨，加强学生的文化敏感性、自我认识以及对异文化中人的认识，并提高其认知能力、超越自身文化的局限。上述的文化分析和跨文化比较并不一定要求学生达到很高的科研水平，重要的是培养学生在分析和比较的过程中的跨文化敏察力和对跨文化交际研究方法的应用。最后需要强调的是，对母文化和对目的语国家文化的认识和理解不是没有关联，而应当是紧密相连、始终融合、相互促进。

（四）融通中外文化

在欧美很多语言中，"交际"一词来源于拉丁语，其原意有"共同分享""互相沟通""共同参与"的意思，也意味着交际是交际伙伴相互沟通分享信息的过程。所以，如果在跨文化交际中不会用外语来表达和传播母文化，跨文化交际就成了单向的文化流动，就不能成为真正意义上的"跨文化交际"。交际的双方只有互通有无，才能使交际顺利进行。通过对话，学习者可以发现在说话和思维方式上他们与异文化的相同点和差异。在这种情况下，外语学习者才能以他们自己本来的身份，而不是以有着这样那样缺陷的目的语使用者身份来使用所学的外语。

对于英语专业学生，跨文化交际能力的重要表现是能在中国文化与英语文化之间起到桥梁的作用，学会用英语表达自己的观点，包括向英语文化成员传播中国文化。在交际的过程中，要充分达到"共同分享""相互沟通"，要达到这一目的，其重要前提是深入全面了解和理解中国文化和英语文化。由北京大学乐黛云主编的《跨文化沟通个案研究丛书》共15册，详细记录了包括冯至、傅雷、梁实秋、林语堂、钱钟书、朱光潜等著名学者的跨文化人格成长之路，探讨了他们如何在继承中国传统文化的基础上，吸收西方文化。他们如何养成贯通中西的学养，既崇尚中国文化，又谙熟西方文化，亦中亦西，并且在中西文化之间成功架起桥梁。这些学者是英语专业学生培养跨文化能力的楷模。

三、培养英语专业学生的跨文化行为能力

（一）培养跨文化交际能力以及"就交际本身进行沟通的能力"

要培养学生的跨文化能力，英语能力至关重要。毋庸置疑，对于大学英语教学来说，培养学生的英语能力和跨文化交际能力是其重要任务。英语学习的最终目的是利用英语进行跨文化交际。在英语教学中，不应当再以培养学生成为 native speaker 为目标，而是培养他们成为具有双重文化人格的 intercultural speaker。而跨文化交际者有着那些仅掌握一门语言的"母语者"所没有的优势，即他们对自己文化的掌握和在中英文化之间进行跨文化交际和传播的能力。

英语专业学生们需要知道的是，学习英语本身并不是最终目的，重要的是利用英语进行跨文化交际。而中国学生在学习英语时，往往非常重视词汇和语法，因为害怕犯错误而不敢交际，这样的做法无异于舍本逐末。

在以跨文化交际能力为目标的培养方针指导下，英语主要被看作是交际的工具。在课堂上可以通过各种教学形式，来培养学生利用英语认识和理解目的语文化、传播中国文化、对中国和目的语文化进行分析比较、对跨文化交际进行准备、预测、引导，以达到令双方满意的有效的跨文化交际。同时，也包括培养学生利用英语与来自英语国家的成员建立和维护信任关系的能力、表达不同意见的能力、通过沟通处理问题和矛盾的能力。

在前文所叙述的交际的四个层面中，言语交际在跨文化交际中起着核心的作用。跨文化交际也是人际交往，对人的了解与研究也至关重要。不同文化之间的交流和交往大多由个人来承担，这就要求个人要有很强的交际能力，广博的中英语言、文化知识和积极的交往态度，即使在复杂的跨文化交际场合中，也能随机应变、因势利导、掌握主动。英语教学应当向学生传授跨文化交际策略。

需要指出的是，除了培养学生在言语表达方面的熟练和丰富程度之外，还应当提醒学生注意交际的非言语因素和言语外因素，如眼神、手势、体态、对时间和空间的处理、交

际媒体等。

跨文化合作的关键往往就在于跨文化交际是否恰当和畅通，在这一背景下均应强调"就交际本身进行沟通"的能力（Meta-communication，即"元交际"能力）的重要性。就交际本身进行沟通的能力是指对交际本身进行交际的能力，即将交际的形式、内容等作为谈话的内容。

就交际本身进行沟通的能力也包括与交际伙伴事先约定交际规则：如约定每次会谈的主要内容用文字的形式记录下来；在讨论过程中就事不就人；在对方未说完之前不要打断他等。通过对交际进行沟通，可以提高交际的效率，避免误解的产生，保障交际的成效。因此，应鼓励学生有意识地将英语作为工具，将交际本身作为交际的内容，主动避免跨文化交际过程中有可能出现的误解、障碍甚至冲突，有意识地疏通跨文化交际的渠道，提高交际的效用，促进和改善跨文化交际。

在培养英语专业学生的跨文化交际能力以及就交际本身进行沟通的能力的过程中，教师应当在英语教学的课堂中设计不同的交际场景，以提高学生的跨文化交际能力。应当将以教师为中心、以知识传授为中心的教学形式发展为以学生为中心、以交际为中心的教学互动形式。

（二）培养英语专业学生在求同的基础上存异的能力

不同的文化之间不仅存在差别，同时也具有很多共同点，找到文化之间的共同点是跨文化合作取得成功的重要基础，"求同存异"也是跨文化合作中行之有效的策略和方法。在全球化的今天，求同的策略也是全球化发展的需要。人类面对着很多共同的问题，需要在"同"的基础上去共同解决。同时，"求同"符合中国文化的核心价值观，中国人的大同世界观不仅认为天下一家，且视天地万物为一体。在跨文化交际与合作过程中"求同"，符合中国文化中的"世界大同"的价值观，是创建和谐的跨文化关系的重要途径。

我们知道，在跨文化交际与合作过程中，人们会遇到比在单一文化中要复杂得多的问题。尤其在跨文化交际的双方对彼此还缺乏了解和信任的情况下，"求同存异"可以帮助人们克服陌生感，克服对陌生文化的生疏甚至恐惧，寻找自己所熟悉的东西，增强与来自异文化的合作伙伴进一步交流的勇气，增强对跨文化交际与合作的信心，并将跨文化合作进行下去。在"求同"的基础之上，即使看到文化差异的存在，也不会气馁，不会踟蹰不前。因此，"求同存异"可以使人们的跨文化行为由被动变为主动，是处理纷繁复杂的跨文化交际问题、解决各种矛盾卓有成效的策略。

培养学生求同存异的能力还包括引导学生认识到，文化差异并不一定会自动导致文化冲突。如贾文键所指出，不能将跨文化交际过程中出现的所有问题都归咎于文化差异，要看到文化之间的共同点和相似点，以便找到跨文化沟通的基础。需要指出的是，"求同"并不意味着要否认和忽视文化之间差异的存在，或是刻意回避差异，更不意味着放弃自己的文化，一味地追求与异文化的一致。不同的文化之间既有"性相近"，又有"习相远"，它们是同一事物的不同方面，构成整体。"异""同"之间是相互关联和变化的，求同存异是对"非此即彼"的二元论的批判，承认"同"与"异"同样存在，并且同中有异，异中有同。

（三）培养学生的跨文化协同能力与团队合作能力

在英语专业学生跨文化能力培养过程中，要引导学生观察和发现异文化和中国文化的差异、产生这些差异的原因以及处理这些差异的策略、方法与途径。

跨文化交际研究学科的一个重要原则是认为不同文化的平等。在坚持这一原则的同时，学生们也应当看到，与此同时存在的情况是，地位和角色的不同也会影响跨文化交际。例如，在华的跨国企业中，很多高管人员都是来自另一国家，在中国雇员与这些外国高管人员的跨文化交际过程中，中外权力的不平衡往往被诠释为文化的不平等，所以往往得出结论"美国人太自以为是了""法国人太傲慢了"等。应当帮助学生认识到这些差异主要是权力距离造成的，而不是归咎于文化。

如前文所述，民族中心主义思想普遍存在，文化优越感也是自然现象，而一个国家政治、经济实力越强，越会促进这种文化优越感表现出来。大学生们应当学习正确对待这一现象，同时又不滋长自己的民族中心主义趋向。

正如很多专家在访谈中所指出的，不同文化之间的差异也可以对跨文化交际与合作起到积极作用，不同文化之间的影响与融合，可以给文化带来新的生命力。差异往往可以是对母文化的补充和丰富，借鉴其他文化，可以使母文化获得新的发展。因此，文化之间的差异并不可怕。事实上，中国文化的发展过程本身也是求同存异的结果，是母文化融合外来文化而不断发展的成功例证。因此，应当培养学生在跨文化团队中多向他人学习，将中国文化与目的语文化中的差异创意地加以利用，创造出一种"第三种文化"，从而使不同的文化融合在一起，产生文化协同效果。

学生们不仅要学习如何尽量减少与英语国家成员在跨文化交际中的误会、避免冲突，而且应变被动为主动，积极寻找不同文化之间的共同点，以此作为跨文化合作的重要基础，同时尊重各种文化的独特性和多样性，尊重不同的价值观、思维观和行为方式，积极、自如地处理文化差异，并利用这些文化差异，寻求跨文化协同效应。因为我们在跨文化交际中，不需要追求以文化之间的"同"压倒"异"，"求同"与"存异"可以协调存在。

在前文所述的实证研究中，很多专家指出，在跨文化职业实践中，人们往往需要与不同文化背景的同事或伙伴合作，团队合作能力具有重要意义。因此，在英语教学中，应当注重培养学生的团队合作能力，如可以以一些跨文化交际实践项目为主导，安排学生针对不同的跨文化主题在课外进行调研，使学生在与英语国家文化成员进行跨文化交际的过程中获得跨文化行为能力。这样的调研项目可以分组进行，以培养学生的团队合作能力与责任心。在英语课堂上，学生可以展示和陈述他们的调研结果，并就相关的主题与其他学生展开讨论。

四、培养英语专业学生的跨文化自主学习能力

跨文化能力不可能仅通过课堂教学或是几次实践活动一劳永逸地获得，而是需要在终身学习的过程中不断培养和发展。在这个过程中，乐于学习的态度和善于学习的能力起着核心的作用，因此英语专业学生的跨文化教学应当更加注重传授跨文化知识的学习方法，培养学生积极应对跨文化交际中出现的各种问题的策略和方式，并灵活运用，从而提高其跨文化自主学习的能力。

张红玲认为，自主学习能力应该包括行为（学习者参与管理自己的学习，对学习进行规划、监督和评价）、心理（学习者对自己的学习有较强的意识，善于反思）、情感层面（学习者对学习充满好奇心和自信，具有较强的学习动力）、方法（学习者掌握了多种适合自己的学习方法，并能根据需要灵活应用，同时愿意探索新方法）和应用（学习者有能力将所学知识和技能加以应用）五个层面。她认为，应当将这五个层面作为外语教学的重点之一。

上文所提到的心理层面的自主学习能力也可以被看作是乐于学习的态度，这种态度受学习动机影响。英语专业跨文化学习的内部动机包括：对目的语文化的向往，对目的语文化成员价值观、生活方式等的浓厚兴趣；希望学习一些新奇的、与众不同的东西；希望系统地、科学地研究目的语文化与母文化的异同；希望通过对目的语和目的语文化的学习拓宽自己的视野，更好地促进自我实现等。英语专业跨文化学习的外部动因包括：提高自己的职场竞争力，希望到跨国企业工作，希望更好地与目的语文化成员相处，与其进行有效、成功的跨文化交际与合作等。在对英语专业学生的跨文化教育与教学中，应当激发学生主动发现和意识到他们的跨文化学习动机，并增强和丰富这些动机。

在跨文化能力培养过程中，乐于学习的态度和善于学习的能力也包括：能自主地对跨

文化学习做出系统的计划、实施计划，并对学习的过程和结果进行检验，也包括寻找出适合自己的学习策略与方法。

跨文化自主学习能力还包括媒体应用能力。多媒体和互联网的发展为跨文化学习能力的培养带来很多新机遇和可能性，传统的英语教学方式受到挑战，学生课外自主学习与课堂教学的时间比将大大提高。在这样的背景下，学生根据自己的计划和设计来自主学习就显得尤为重要。

培养跨文化自主学习能力也包括学生自己对学习的材料、内容进行收集和总结，如格言与谚语的收集就能很好地促进英语专业学生的跨文化学习乐趣，同时在这种收集的过程中，学生可以培养自己对英语和跨文化学习的管理能力和自主学习能力。格言与谚语是文化的积淀和生动反映，每一种文化、每一个民族都有自己特有的格言和谚语，它们生动地"描述"和传达文化深层次的价值观、思维方式、社会关系、时间观、空间观等。通过学习和分析格言谚语，可以更深入地了解和理解目的语文化。同时，格言与谚语语言往往精练优美，可以提高学生对英语学习的兴趣，对格言与谚语的灵活应用又可以提高学生的英语表达能力，从而提高其跨文化交际能力。

参考文献

[1] 陈宝翠,李东. 跨文化交际案例阅读［M］. 成都:西南交通大学出版社,2017.

[2] 赵艳. 跨文化交际与英语思维教学研究［M］. 长春:吉林大学出版社,2017.

[3] 秦希贞. 外研社国际汉语师资培训丛书:中美跨文化交际误解分析与体演文化教学法［M］. 北京:外语教学与研究出版社,2017.

[4] 方燕芳. 英语思维与英语教学［M］. 成都:电子科技大学出版社,2017.

[5] 曹倩瑜. 英语教学理论与教学法［M］. 西安:西安交通大学出版社,2017.

[6] 蔡晓琳. 英语教学与文化贯通研究［M］. 长春:吉林文史出版社,2017.

[7] 刘重霄,刘丽. 跨文化交际实训双语［M］. 北京:对外经济贸易大学出版社,2018.

[8] 郑春华. 跨文化交际与英语文化教学［M］. 北京:国家行政学院出版社,2018.

[9] 于瑶. 现代商务英语的跨文化交际与应用［M］. 长春:吉林大学出版社,2018.

[10] 彭云鹏. 医学情景跨文化交际能力研究［M］. 石家庄:河北人民出版社,2018.

[11] 李春兰. 跨文化交际理论应用于高校英语教学的实践研究［M］. 徐州:中国矿业大学出版社,2018.

[12] 陈争峰. 新媒体时代跨文化交际视听说教程［M］. 西安:西安电子科技大学出版社,2018.

[13] 饶晓丽. 英语教学与文化交流［M］. 长春:吉林大学出版社,2018.

[14] 郭炜峰,董奕机. 英语教学与文化传播［M］. 延吉:延边大学出版社,2018.

[15] 王珊,马玉红. 大学英语教学的跨文化教育及教学模式研究［M］. 武汉:武汉大学出版社,2018.

[16] 张晓冬. 跨文化背景下大学英语教学研究［M］. 长春:吉林大学出版社,2018.

[17] 余卫华,谌莉. 跨文化交际教程［M］. 杭州:浙江大学出版社,2019.

[18] 朱建新,刘玉君. 跨文化交际与礼仪［M］. 南京:东南大学出版社,2019.

[19] 何树勋. 跨文化交际下的大学英语教学改革模式研究［M］. 成都:四川大学出版社,2019.

[20] 陈爱玲. 跨文化交际语境下的大学英语教学探究［M］. 北京：中国书籍出版社，2019.

[21] 慕爱静. 英语教学中跨文化交际能力培养研究［M］. 北京：北京工业大学出版社，2019.

[22] 苏辛欣. 跨文化交际视域下的翻译教学［M］. 长春：吉林人民出版社，2019.

[23] 熊丽. 跨文化交际与英语教学研究［M］. 哈尔滨：哈尔滨出版社股份有限公司，2020.

[24] 许丽云，刘枫，尚利明. 大学英语教学的跨文化交际视角研究与创新发展［M］. 北京：中国商务出版社，2020.

[25] 舒婧娟，王丽，武建萍. 跨文化交际时代英语教学的发展倾向［M］. 长春：吉林出版集团股份有限公司，2020.

[26] 范燕华，米锦平. 跨文化交际研究与翻译行为策略［M］. 重庆：重庆大学出版社，2020.

[27] 史艳云. 大学英语中的跨文化交际［M］. 长春：吉林人民出版社，2020.

[28] 李建峰、骆云梅. 跨文化交际理论与实践研究［M］. 长春：吉林大学出版社有限责任公司，2020.

[29] 刘戈. 当代跨文化交际发展研究［M］. 长春：吉林大学出版社，2020.

[30] 张雪莉. 文化自信视角下英语教学中跨文化交际能力培养路径探索［M］. 北京：九州出版社，2020.

[31] 张鑫，张波，胡小燕. 跨文化交际视阈下大学英语教学理论构建与创新路径［M］. 长春：吉林大学出版社，2020.

[32] 熊文熙，范俊玲，肖玲. 大学英语教学与跨文化交际能力培养研究［M］. 北京：华文出版社，2021.

[33] 赵素君. 英语跨文化交际能力培养研究［M］. 长春：吉林出版集团股份有限公司，2021.

[34] 段茂超. 大学英语教学创新与实践研究［M］. 长春：吉林出版集团股份有限公司，2021.